企業開発研究者・技術者 としての

キャリア・デザイン

これから就職を考える

<u>理工系学生</u>のための入門

監修
平坂 雅男

AndTech
Connect&Gather

はじめに

株式会社AndTech 顧問　平坂　雅男

企業での研究開発職をめざす理工系の学生の方々から、よく聞かれる質問は、研究開発の日々の仕事からキャリア形成まで幅広く、また、仕事に対するモチベーションや生活設計まで含めるとさらに広くなります。しかし、企業での研究開発の仕事は、業種や業態によっても異なり、また、各企業によって研究開発体制が異なることから、現状を押しなべて説明することは難しいです。

学生の方々は、各企業の会社案内や就職説明会などに参加して情報収集を行っていると思います。しかし、これらの情報は一般的な情報であり、実際の研究開発の現場での仕事について知るには限界があります。そこで、企業に就職した先輩を訪問し、実際の研究所や開発の現場の話を聞くなどの取り組みが行われています。また、就職活動の準備として、技術経営や研究開発マネジメントの書籍を読むなどして、知識の習得を行っていると思いますが、実践経験がないことからピンとくるものがないというのが実情だと思います。

企業の研究開発を理解するために、企業がなぜ研究開発を行うのかという原点を知ることが重要です。また、研究開発者には新たな研究開発のテーマ提案が求められます。自分が提案した研究開発テーマの成果が、新製品や新事業に移行し社会貢献できることは、企業の研究開発職に就く魅力でもあります。そのためには、企業の研究開発者の仕事やキャリアパスを理解しておくことが必要だと思います。

たとえば、大学や大学院の研究と大きく違うことは、研究成果の権利化です。企業は研究開発によって発明した技術を、特許として権利化することで、技術を保護し収益の源泉とします。発明が特許になるため、新規性や進歩性のある技術開発が求められています。学術としての論文投稿より、特許出願が優先されます。また、研究開発の進展がなく停滞した研究開発テーマは中止の決断を下されることがあり、さらに、研究開発の目標を達成するまでの時間に対する意識が強いなど、大学や大学院の研究スタイルとは大きく異なります。

　本書は、企業の研究開発職をめざす学生が、企業の研究開発を理解し、研究開発職の全体像を把握することを目的としています。さらに、企業での研究開発に携わった方々が、多くの項目を実際の経験から執筆していますので、就職後の多様なキャリアについても知ることができます。本書は、企業の研究開発を学ぶ入門書であると共に、先輩社員の経験から学ぶべきことをまとめた本として構成してあります。企業の研究開発職に就くことはキャリアの通過点であり、本書が将来のキャリアをどのようにデザインするかを考える一助になることを願っています。

第4章　ワーク・ライフ・バランス　　095

第1節ワーク・ライフ・バランス　　096

株式会社ライフバランスマネジメント研究所 代表
渡部　卓

第2節
女性研究者のキャリア①
キャリアとライフイベントを取り巻く環境　　104

AGC株式会社　技術本部先端基盤研究所共通基盤技術部
浅井　真紀

第3節　プロジェクトマネージャー
事業成功・収益性確保の責任とやりがい 138

株式会社 AndTech 顧問（元 住友化学株式会社）
今井　昭夫

第4節　ステップアップのための転出 146

GLARE コンサルティング合同会社 CEO ／東北大学 特任教授（客員）／
株式会社ブリヂストン G コントローリング課 主査
鈴木　薫

コラム

第1章

企業の研究開発

企業の研究開発とは

株式会社 AndTech 顧問（元 帝人株式会社）

平坂　雅男

はじめに

　経済成長を生み出す3つの要素として、資本や労働力の増加とともに、技術進歩や生産の効率化などの全要素生産性とよばれる因子があります。すなわち、企業の成長は、生産性の向上や新製品や新事業によって成し遂げられますが、そのためには研究開発活動が必須となります。実際、多くの企業は、創業時の技術によって事業成功を成し遂げ、その後の継続的な技術開発により大企業に成長しています。一方、技術の急激な変化に対応できなかった企業は、経営危機に追い込まれることもあります。企業における研究開発の本質を知り、研究開発者として企業成長と経済成長、そして、社会に寄与するために、本節では研究開発の意義、研究開発体制、研究開発の推進などについてまとめました。

1.　経営戦略と研究開発

　企業の存在意義や使命を示すものとして社是、企業理念やビジョンがあります。そして、経営方針を打ち立てて、事業展開の目標や行動を明確にします。さらに、経済、技術、市場などの外部環境を認識して経営戦略を立案し

ます。この経営戦略には、企業が成長するための事業戦略が組み込まれています。そして、事業成長をけん引する技術を作り出すための技術戦略や研究開発戦略が策定されます。このように、企業の研究開発は、経営戦略や事業戦略と密接なつながりがあります。

　企業の研究開発は、業種によっても大きく異なり、また、業界におけるポジションによっても異なります。技術進歩が激しい通信・エレクトロニクス分野では研究開発の期間が短く、医薬品分野では創薬から臨床までの長い研究開発の期間が必要となります。また、業界トップのリーディング企業とそれを追従する企業では、市場でのポジションにより新たな技術を重視するか、改良型の技術を重視するかの違いがあり、研究開発テーマの設定が異なります。新たな技術による新製品や新事業によって業界のリーディング企業になっても、時間とともに追従する技術が出現し、企業は技術開発競争に巻き込まれます。現代は技術開発競争の時代でもあります。

　昔は、中央研究所での基礎研究の成果を開発段階に移行し、そして、事業化するリニアモデルの研究開発プロセスが一般的でした。しかし現在は、外部技術の導入や融合などオープンイノベーションを含めた研究開発のプロセスが主流となっています。研究開発の期間を短縮し研究開発費を削減し、また、研究開発した技術が製品や事業に適用される成功確率を高めるなど、インプットとアウトプットを評価する研究開発効率が重視されています。そのため、研究開発のマネジメントが重要となっています。研究開発の成果は企業の生命線であるともいえ、研究開発費を含めて研究開発効率をどのように高めるかが経営の課題となっています。

2. 研究開発投資

　企業が研究開発にかける研究開発費は、業種で異なり企業の研究開発費を売上高で除した比率（売上高研究開発費比率）で比較することができます。総務省の科学技術調査によれば、2020年度の売上高研究開発費比率は製造業が4.4%、農林水産業が2.3%となっています。製造業では、表1に示すように医薬品製造業が9.7%と最も高く、電気機械器具製造業は5.2%、化学工業は3.6%です。2020年度の比率は、新型コロナウイルス感染症の影響があるために、2019年度の比率も表1に示しました。

表1　製造業の売上高研究開発費比率

産　業	2019年度（%）	2020年度（%）
食料品製造業	1.23	0.86
医薬品製造業	10.08	9.68
化学工業	4.27	3.63
プラスチック製品製造業	3.02	3.18
ゴム製品製造業	4.01	4.45
生産用機械器具製造業	4.36	4.60
業務用機械器具製造業	8.81	8.84
電気機械器具製造業	6.68	5.20
電子応用・電気計測器製造業	8.54	8.43
情報通信機械器具製造業	5.88	6.10
輸送用機械器具製造業	5.04	6.54

　研究開発費の内訳の約40%は人件費です。また、研究開発に付随する経費（少額の装置・備品等の購入費、印刷費、図書費、外部に委託した試験・検査等の費用、旅費、光熱水道費、通信費、保険料、賃貸料等）は、約35%を占めます。よって、約25%が原材料および装置やソフトウェアの購入に充てられます。

　また、研究開発費の支出を研究開発投資と考えると、研究開発を行うある

期間を経て技術や知識向上の成果が現れ、そして、企業の業績に貢献することになるために、研究開発費の投資回収は数年から遅い場合では10年以上になることがあります。一般に、研究開発費の支出より大きな成果が得られれば研究開発投資効率が高いと評価されています。日本は、欧米各国と比較すると、研究開発投資の額は大きいものの、営業利益への貢献が低く、研究開発投資効率が低いといわれています。その理由として、既存技術の改良型研究が多いこと、技術進歩のスピードに対応できていないこと、また、技術を保有していても売れるしくみ、すなわち、ビジネスモデルが欠落しているなど様々な理由があります。さらに、自社の技術に固執しすぎて外部の技術を軽視するNIH症候群（Not Invented Here syndrome）が、日本のオープンイノベーションを遅らせています。企業での研究開発では、研究開発投資効率を高める意識を、研究開発をマネジメントするスタッフのみならず研究開発者にも求められます。

3.　研究開発組織

　企業の研究開発の組織構造は、図1のように大別されます。機能集中型では、研究開発のポートフォリオの設計が容易であり、研究開発費用の予算配分の最適化ができる特徴があります。また、分散化した研究開発の組織に比べ、実験設備やサポートスタッフを共有化することで効率的な運営ができます。さらに、既存の事業領域を超えた新たな事業創出に注力でき、機能分散型の研究開発に比べてラディカル・イノベーションが起こりやすい特徴があります。

　機能分散型の研究開発組織では、事業部門が製品や市場の動向について多くの情報をもっていることから、その事業領域に焦点をあてた市場ニーズ型の研究開発が中心となります。そのため、顧客や市場が求める製品や技術を

開発し市場に円滑に展開することで、インクリメンタル・イノベーションをめざします。反面、事業領域を超えたイノベーションを生み出すことが難しいといわれています。

　ハイブリッド型は、機能集中型と機能分散型の特徴を併せもつ組織構造です。市場需要と緊密な関係にある事業部の研究機能で製品固有の研究を進め、新たな事業領域や境界領域で効率的な研究開発を進めることができます。ある意味では、インクリメンタル型とラディカル型のイノベーション創出を分離したバランス型の組織構造といえます。

　このような組織体系は、研究開発対象とする技術分野やターゲット市場に大きく依存しますので、就職をめざす企業の研究開発体制を知っておくことは重要です。

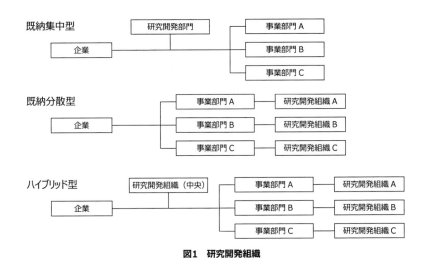

図1　研究開発組織

4. 研究開発ステージ

　企業での研究開発は、研究開発のテーマを探索する初期のステージから事業化に至るステージまでいくつかのステージに分けられ、その進捗が管理されます。そのプロセスの概念図を図2に示しました。初期のステージでは、研究開発テーマの可能性を探るために、テーマ数も多く、フィジビリティ・スタディともいえます。研究開発テーマの技術や市場の将来性が明確になると応用研究のステージに、そして市場でのコンセプト検証を行う開発ステージ、さらに事業化ステージへと進みます。研究開発費用もステージが進むにつれて増加し、また人員も必要となります。そこで研究開発のマネジメントでは、定期的にすべての研究開発テーマの見直しを行う管理作業が必要となり、研究開発テーマの改廃や人員配置を含めて最適な研究開発費の配分が行われます。

　研究開発テーマの管理では、研究開発テーマのステージアップや中止を判断するとともに、最適な方法で研究開発を進める戦略を考えます。研究開発の進捗によっては、開発した技術を他社にライセンスすることや、他社の技術を導入して研究開発スピードをアップすることも選択肢となります。

　企業の研究開発の目標は事業化ですが、既存市場での自社の事業拡大、既存市場に新たな技術での参入、そして、新規市場での事業創出などがあり、

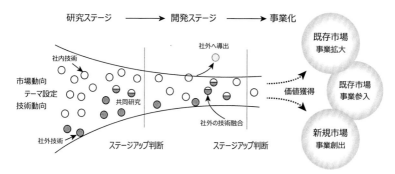

図2　研究開発ステージ

研究開発テーマのスタート時からビジネスを見据えたシナリオを描くことが重要となっています。また、現在、研究開発にはスピードと市場での成功が求められます。そして、技術開発が厳しい競争状況にあることから、企業の研究開発者は研究開発の目的を認識して、研究開発を推進するスキルが求められています。よって、企業の研究開発者は、研究開発テーマをステージアップするために専門知識のみならずビジネスとして成功するための技術経営の知識も必要となります。

COLUMN コラム ① ラディカル型とインクリメンタル型のイノベーション

　イノベーションには、新しさ、改善、不確実性の克服などの要素が含まれています。新しさはイノベーションの最も重要な要素のひとつで、また、改善は、現在の市場に存在する製品よりも優れた性能や機能を追求することです。さらに、新しい技術や高性能・高機能な製品が、市場で成功するには、不確実な市場や競合技術、そして、経済や社会環境の影響などを乗り超え、市場を明確にして不確実性を克服することが必要です。ラディカル・イノベーションは、新たな技術革新で新たな消費者を獲得し市場を築きあげることをいいます。たとえば、銀塩フィルムのカメラからデジタルカメラへの移行があげられます。また、ビジネスモデルを変革したアマゾンもラディカル・イノベーションの一例です。一方、インクリメンタル・イノベーションでは、既存の顧客に対して、性能、機能、品質が高い製品やサービスを提供することです。たとえば、スマートフォンにおける動画撮影機能の向上、顔認識や指紋認識などのセキュリティー向上などがあげられます。

研究開発職

株式会社 AndTech 顧問（元 帝人株式会社）
平坂　雅男

はじめに

　科学技術研究調査（2021年）によれば、日本の全産業の研究者数は57万人で、専門の内訳は工学が69%、理学が24%、農学が3%、医学・薬学が3%、そして人文・社会科学が1%の割合となっています。また、研究者の多くが製造業に従事し、その数は49万5千人となっています。本章第1節で示しましたように、業界によって研究開発費が異なり、そして全従業員に対する研究開発者の割合も異なりますが、ここでは研究開発職を人材面から考えたいと思います。

1.　研究開発職に求められるスキル

　研究開発職に求められるスキルとは何でしょうか。企業が求めるすべてのスキルをもち合わせた人はいません。そこで、自分自身のスキル面での強みを認識しておく必要があります。研究開発職に求められるスキルは、専門知識だけではありません。専門領域の知識は、科学技術の進歩に伴い大きく変化します。大学や大学院で学んだ専門領域とは異なる新たな領域で、研究開発に従事する人も多く、知識習得は継続的な課題となります。スキルを分類

すると、技術的スキル、人間的スキル、思考スキルなどがあります。

技術的スキルでは、最先端の専門的知識も重要ですが、基礎的な自然科学の知識がないと、研究開発の技術領域が変化したときに対応することができません。すなわち、最先端技術の基盤となる基礎科学を理解していることが必要となります。また、最近では融合領域の研究開発が多いことから、関連する分野の基礎知識を持つことも重要です。たとえば、ヘルスケア用の材料開発では、材料工学の知識のみならず、生体学の知識も必要となります。就職して、研究開発の現場に配属されたときにはじめて幅の広い知識の必要性を実感すると思いますが、実際には研究開発の業務を通して専門性は広がります。そして、知識習得のための継続的な努力も必要となります。研究開発はチームで行うために、他の専門領域の研究開発者から指導を受けることも多く、チーム全体の知識を融合して研究開発が進められます。そのため、自分の専門領域の殻に閉じこもるのでなく、様々なことに関心をもつことが必要と思います。

人間的スキルは、企業で働く上で最も重要な要素であり、その一つとしてコミュニケーション力があります。人と人のつながりは、相手を知ることから始まり、お互いを理解し共感することから始まります。人の意見を理解し、また、自分の意見を伝えるためには、電子メールのようなツールだけでなく、実際に顔を合わせることに大きな意味があります。人間的スキルの基盤となるのは、挨拶、言葉使いや礼儀ですが、さらに、相手の立場になって考えるという姿勢です。研究開発に携わる研究補助者や技能者、そして、研究開発スタッフなどの関係者と良好な関係が築けるスキルが必要となります。人間的な魅力を持ち、企業の中にあなたのサポーターを作ることができれば、仕事で困った状況に陥ったときにサポーターが手を差し伸べてくれます。このような人間的スキルは、研究開発テーマのリーダーとなった

ときに、リーダーシップを発揮するために重要な要素となります。

　一方、思考スキルには、複雑な事象や物事の本質を理解するためのスキルであり、また、他の人に理解させるために概念的に説明できるスキルでもあります。そのためには、論理的な思考が必要とされています。問題の本質を見極めることで、次のステップに進むことができることから、思考力は計画性や実現性にも反映されることになります。しかし、研究開発には論理的な思考にあわせて、インスピレーションも必要です。このインスピレーションは、単なる思いつきではなく、知識に裏付けされたものであることが重要で、多くの知識や経験がなければ素晴らしいアイデアは思いつきません。

2.　モチベーション

　大学や大学院では、学部で研究室に入り研究の手ほどきを受け、修士課程で研究の仕方を学びます。卒論や修論のテーマの多くは、指導教官から与えられたもの、もしくは、いくつかの候補から本人が選んだものが多いと思います。企業では、新入社員を特定の研究開発チームに配属し、研究開発テーマの目的を理解させ課題を与え、その課題を解決する技術開発を担当させます。そして、新入社員の研究開発のスキルは、研究開発の経験を積むにつれ向上していきます。また、研究開発のテーマを提案する機会が与えられ、これまでの知識と経験から提案した研究開発テーマが採択されると、リーダーとして研究開発チームを率いることになります。

　研究開発者にとって、テーマ設定の背景がどのようであれ、課題解決のためのやる気が重要となり、やる気がなければ技術開発の成果は期待できません。このやる気の源泉となるモチベーションについて考えてみましょう。モチベーションは動機づけであり、外発的動機づけとして報酬や評価などといった外部からの働きかけ以外にも、自分の内側から湧き起こる興味や意欲

にもとづく内発的モチベーションがあります。内発的モチベーションは人により異なり、たとえば、最先端技術や社会貢献に対する関心や、技術開発のレベルの高さに対するチャレンジ精神であったりもします。ある意味、仕事に対するワクワク感ともいえるために、自分のビジョンをもつことが重要と思います。研究開発の成果は、一朝一夕に現れないために、日々の仕事での発見がモチベーションの維持につながります。モチベーションを維持するために、研究開発に極端に没頭しても仕事の効率はあがりません。仕事から離れたリフレッシュは、頭を切り替え新たなアイデアを生みだし、そして、モチベーション維持にもつながります。

3. 人材評価

　企業での人事評価には、昇給や賞与、また、昇進の評価となる人事考課に加え、社員のスキルや行動特性などがあります。多くの企業は、目標管理制度（MBO：Management by Objectives）を採用しています。目標管理制度とは、社員が自主的に定めた目標と上司の認識を共有して管理する方法で、目標の高さや何をどのように達成するかというプロセスを社員と上司で認識します。目標レベルは本人の意識やスキルにより異なるために、上司が評価する目標値の高さと本人の認識とのギャップを埋めるための面接が行われます。たとえば、本人が低い目標値を難しい目標と設定した場合には、目標値のレベルを上げるか容易な目標として修正されることになります。また、業績評価は、目標の達成度により評価され、目標レベルに応じて適切な評価が行われます。人事考課での業績評価は賞与に反映されるために、一般に業績評価は段階評価が行われます。たとえば、AからEまでのクラス分けを行い、社員の相対比較が行われます。また、企業によっては、チャレンジ目標などを定めさせプラス加点して評価する場合もあります。

また、本人のスキルや行動特性の評価項目もあり、たとえば、革新・価値創造性、挑戦性、実行力（やり抜く力）、顧客志向、リーダーシップ、柔軟性、部下の育成などがあげられます。社員ひとりひとりのスキルを認識することにより、スキル向上のための教育や人事計画に反映させることもあります。

　一方、周囲から自分がどのように評価されているかを知るために、多面観察や360°観察のような言葉で、上司、同僚、部下、そして、他の部署の社員が一人の社員を評価することが行われます。本人が気づいていない強みや弱み、また、改善すべきことが明らかになるため、自分の行動様式を見直す機会にもなります。

4.　人材育成

　企業の人材育成は、OJTとOff-JTに大別されます。OJTとは、On the Job Trainingの略で、仕事を通じて知識や技術を向上させる方法です。たとえば、研究開発のスキル向上のみならず、共同研究の交渉に関与することにより相手方との交渉や契約のやり方を実践で学ぶことで、交渉術や法務の知識が向上します。また、営業担当者と顧客を訪問することでマーケティングのノウハウを学ぶこともあります。OJTは、実践での経験を通して、知識やスキルを習得することができるために、日本の企業では多く活用されています。また、新入社員に対しては、若手の先輩社員がサポートし、相談に乗るメンター制度を取り入れている企業も多いです。

　一方、Off-JTはOff the Job Trainingの略で、職場を離れた教育をいいます。企業内での集合教育には、社員が講師となる知的財産教育や計数教育などがあり、また、社外講師による教育プログラムもあります。最近では、集合教育に比べ本人のスケジュールに応じて学べるeラーニングが活用されています。社外で実施する教育研修も積極的に活用されています。社外教育の

魅力的なところは、社外の人々とのグループワークや討議にあります。自社の閉ざされた考え方ではなく、社外の人と接することで幅広い視野や考え方をもつことができるようになります。また、語学教育では、海外で語学を学ぶプログラムを有する企業もあります。

このような企業での人材育成のための教育プログラムは、新入社員研修から始まり、管理職研修、役員研修など社員のキャリアに応じてその目的と内容が大きく変化します。さらに、最近では、ダイバーシティの正しい考え方を習得させるダイバーシティ教育、ハラスメント防止のための研修、そして、メンタルヘルス研修など様々な教育や研修がなされています。

企業が準備するOJTやOff-JTのみならず、自らの意思によってスキルを高めることも必要です。自らで能力や思考を高めることを自己啓発といいます。自己啓発は、啓発本を読むばかりでなく、語学セミナーの受講や資格取得のためのスクリーニングなどその方法は様々です。企業では自己啓発支援制度として、語学レベルの向上や資格取得などのキャリア形成のために助成金を支出し支援する制度もありますので、活用することができます。

研究開発職とは①

BtoC 企業の研究開発
～基礎部門と開発部門の違い～

キリンホールディングス株式会社 R&D 本部 研究開発推進部
小泉　英樹

はじめに

　学生のみなさんにとって「企業の研究所」という場所は、学会の発表、就職案内での紹介、成果を取りあげたマスコミの報道やテレビ番組、研究室の先輩からの話などで何となくイメージはわくと思います。ただ、あくまでも世の中に出ている情報は一部の側面を切り取った内容であり、現実の姿は分かりにくいのではないでしょうか。キリンホールディングス(株)というみなさんにとって非常に身近な消費財を取り扱うBtoC企業の研究開発に20年強携わってきた者として、私自身はどんなことを行ってきて、また、今後弊社の研究開発職を志望される学生のみなさんに、どんなことを期待したいかについて、述べさせていただきます。

1.　基礎部門の研究所（自身の経験を踏まえて）

　私は1999年に当時のキリンビール(株)基盤技術研究所に入社しました。1990年代は日本の企業の多くが「多角化戦略」のもとで、新しい技術に基づく新規事業を探索していた時期であり、基盤技術研究所もバイオロジーを武器に新しい技術を編み出し、自社にとって新しい事業の種を産み出すことを期待

して運営されていました。その後、世の中の流れに合わせて「多角化戦略」という方針が、「選択と集中」「新規事業探索」と大きく移り変わり、会社の形態や研究所の名前は変遷していきましたが、入社してから一貫して求められたことは、「自社の将来を考えて、どんなことを今のうちにやるべきか自ら考えて実行すること」「永遠の課題と呼ばれている自社課題を解く新技術を開発すること」であったと思います。つまり、基礎研究部門には、会社から具体的な業務指示は降りてきません。会社として中長期の方針を示すので、それを頭に入れたうえで、新しい世界を切り開いてくれというのがミッションでした。正直、研究開発というものは時間がかかるのと、世の中が移り変わるスピードが年々早くなっていく中で、このようなミッションを遂行することは非常に難しく、悩ましいものでありました。ただ一方で、この自由という名のストレスの中で、自分の力を試せるという刺激的な場でもありました。

　研究員は自らが何をすべきか常に考え、社内外に協働してくださる方を探し出し、仲間を作って自らが創造した技術をキリンという会社を通して世の中に出していきます。当然、ほとんどの研究開発テーマは光が当たることなく死んでいくことにはなりますが、それを乗り越えて、私の尊敬する先輩が「プラズマ乳酸菌」を発見し現在のキリンのヘルスサイエンス戦略の中核を担うことになりましたし、私の敬愛する後輩が「カフェインクリア製法」を確立し、令和3年春に紫綬褒章を受章するなど素晴らしい成果もあげています。残念ながら私自身が手掛けた技術は世の中から広く脚光を浴びることはなかったものの、確立した技術で博士号の学位をいただくこともできましたし、また研究途上で様々な社内外のネットワークも作ることができました。自らの力で道を切り開き、自分の力を試せるという意味では基礎研究部門は苦しくも刺激的な場所であり、我こそはと思う学生のみなさんは是非チャレンジしていただきたいと思います。

2. 開発部門の研究所

　私自身は開発部門の研究所に所属したことはありませんが、せっかくなので一緒に仕事をしてきた方々を横から見てきた経験も紹介したいと思います。学生のみなさんにとっては、弊社の開発部門の研究所の方が馴染み深く、志望いただく多くの方は「商品開発がしたいです」とおっしゃる方が多いかと思います。

　開発部門のミッションは、弊社の主力商品である、酒類、飲料について、マーケ部門の調査に基づき提示される商品コンセプトを「技術翻訳」するのが主な業務となります。つまり、お客様のニーズや、きっとこのような商品が好まれるに違いないという、言葉で表現されたものを、どのような原材料を使って、どれくらいのコストで、どのような香味に仕上げ、どのようなパッケージに詰め、工場で安定的に生産する方法を確立し、お客様の手元に安全に商品をお届けするかを具現化するのが開発部門の主な仕事となります。私が所属していた基礎研究部門との大きな違いは、サプライチェーンと密接につながっていることであり、原料調達、マーケッティング、営業との連携の中ですべてのタスクが行われることだと思っています。開発部門の研究員の苦しみは、主要な業務を納期必達で仕上げなければいけないプレッシャーと、商品に密接につながっているがゆえに守らなければいけないルールを厳密に守って業務を遂行しなければいけないということであろうかと思います。基礎研究部門に比べて自由度は低くなります。ただし、自分が手掛けた商品がCMなどで宣伝され、スーパーの棚で手に取って購入できることは無上の喜びとなり、次の仕事への大きな活力になります。

3. 企業研究者を志されるみなさんへ

　企業研究者を志される学生のみなさんは、（1）自ら考えて道を切り開くタイプの研究者（研究型研究者）、（2）組織から求められることを具現化する

ための研究者（開発型研究者）、どちらを志すか就職する前に考えておいた方がよいと私は考えています。両者のミッションは大きく異なります。前者の研究部門にいた私の経験では、自分の行動を自分で決めて道を切り開くことが求められるため、道が行き止まりなることも多々あり、正直「誰かが自分のテーマを決めてくれたらよいのに」と心が折れた経験は幾度もあります。また研究を進めている中で会社の方針が変更となり、研究テーマが終了となることもあります。このような経験を乗り越え自らの道を切り開くことにチャレンジしたい方は研究型研究者をめざしてほしいと思います。一方で、全社の各部門と協力しながら、求められる商品を世の中に出して、会社の事業を支えることに貢献したい方は開発型研究者が向いています。両者間での人事交流はあるものの、私の経験では、研究型が向いている方、開発型が向いている方というのは、個々人でもともと決まっているように感じています。

　もし「研究型研究者」をめざされるのであれば、今から「自ら考えて、周囲を巻き込みながら、新しい領域を開拓する」能力を磨いていって欲しいと思います。周囲からいろいろな雑音が入りますが自らの考えを信じて前進する力強さを身に付けてください。また、「開発型研究者」をめざされるのであれば、「他者から求められることを的確にこなし、周囲と協調しながら複数のタスクを同時に着実に行う」能力を磨いてみてはいかがでしょうか。サークルを運営したりアルバイトする際などに、自分がどちらに向いているか知る場面はたくさんあると思います。

　ただ１つ確かなことは、いずれも会社を支えるためには必要な部門であり、両者の連携があってこそ、現在の会社の事業が支えられ、将来の会社の事業の種が作られ、会社という存在が持続可能となるということです。学生の皆さん一人一人が、就職された企業の将来を支える強い柱に成長いただけることを期待しています。

研究開発職とは②

2 社目に行くなら どこにする？

日東電工株式会社　研究開発本部
サステナブル技術研究センター 副センター長　仲野　武史

はじめに

　2022年7月時点で社会人となり17年もの月日が経過しました。6年間樹脂メーカーで研究開発した後、日東電工株式会社（以下、Nitto）に転職して早10年超。こうして振り返ると、大学院卒業前、入社後、転職後、それぞれのタイミングで思い描いていた働き方、社会貢献の在り方、キャリアプランは都度修正されてきたようにも思えます。その積み重ねが自身のキャリアそのものとも思いますので、紆余曲折あること自体にも意義があるとは感じます。個人の社会人人生よりも企業の寿命のほうが短い、などといわれる昨今、ジョブホッピングやキャリアアップは過去よりも一般的になった印象です。新卒の皆さんにいきなり転職を勧めるのも不思議な話ですが、なかなか聞く機会はないとも思います。そこで、転職時に感じたこと、考えたことを共有させていただくこととします。これから企業の研究開発に従事されることを目標にしておられる学生諸君に「この先、そういうことがあるかもしれないな」と頭の片隅にでも捉えていただければ幸甚です。

1. お勧めしたい着眼点

　30歳のときに転職を決意しました。その理由にもなった3点をお勧めの着眼点としてご紹介します。

　1つめは、組織のもつ強みと自身の価値観の整合について。樹脂メーカーに入社した当初の自分には、技術親和性・活用リソースの制約という観点が乏しかったように記憶しています。入手できる原材料、過去実績・知財・シェアで優位な競争ができるフィールド、自社ビジネス形態の現状などから、財務・非財務の両面で持続可能なビジネスにはある程度の制約があるのが常と感じます。企業の主目的は利益と社会貢献の両立、社会的責務を全うすることにあるため、戦略的に競争の仕方は選択されます。その思想自体には強く賛同した反面、より広い業界に関わり、より多くの選択肢をもつことで、限られた時間で多くの製品化を経験したいと考えるに至りました。この企業の競争力の源泉は何か？それが自身の強みとしたい領域に近しいか？といった問と、その答えについて自身の価値観を朧気でも固めておくことをお勧めします。

　2つめは、価値あるものと決める人と話ができるかという点。課題と解決手段のマッチング、その解決手段と自社の強みが整合することが競争を優位に進める一要素と考えていますが、そもそも「課題とは何か」「どんな制約を満たしたうえで解決されるべきか」といった情報が非常に重要と思います。そこから、インサイトを得られる波打ち際・バッターボックスに早く、高い頻度で立ちたいと考えるに至りました。「何にでも使える」ではなく、「○○の課題を△△という背反を高レベルで解消しつつ◇◇というハードルもクリアできる…」という具体的で生々しいシナリオが、代替されにくい絶妙な競争優位の源泉になるというのが持論です。

3つめは、上記2点にも関係しますが、自社の立ち位置を知るという点。モノや価値の連鎖（サプライチェーン・バリューチェーン）のどこに陣取っているかによって、得られる情報も、その情報を利用した戦い方も変わってきます。特定業界 or 多業種、独自材料 or サプライヤー連携、どちらが自分の好きなスタイルか？どちらがやってみたいことを効率的に進められる手段か？より広い課題に深く関与したいという想いが、私が川下へ軸足を移すことにしたきっかけです。

　これらをもとに、社会人歴7年目にNittoの一員になることを選ぶこととなりました。今思うと、学生時代にもう少し考えておけば良かったと思うこともありますが…なればこそ、ここで共有させていただいた次第です。

2. その後の苦労話を少しだけ…

　かくして、Nittoでの開発職をスタートすることとなりましたが、製品化を早くたくさん経験したいという想いとは裏腹に6年もの間、研究部隊に所属することとなってしまいました。学びも多く貴重な経験もさせていただきましたが、ようやく事業部に移り製品開発を担うこととなった時には37歳、マネジメント側の人間となっていました。試作段取りも、原価計算も、仕様書作成も、スペック交渉も、初めてのことばかり。用語や商習慣も知らないことばかりで、たくさん怒られたなぁと懐かしくも思います。単身赴任だったこともあり、心底仕事に没頭してチームのメンバーに少しでも早く追いつこうと努力しました。製造、品質保証、営業の方々にも本当にお世話になりました。安定的にスケールアップするために何をすべきか、品質保証に対して自社のリスクを下げつつ顧客に納得いただくためにはどうすればいいか、親身になって教えてくれた方々、一緒に頑張ってくれたメンバーには本当に感謝しています。「一丸となって事を成す」ことがNittoの

DNAとして受け継がれているのだな、と実感したタイミングでもありました。初めて自身が携わった製品で売上があがった時には、思わず涙を流してしまったことを覚えています。こうした体験は、なるべく若い時期にしたほうが、その後の人生のためでもあるなと改めて思います。ゆえに、自分のチームのメンバーには早期に事業部連携を経験してもらうように配慮しています。

おわりに

　化学・技術に対する愛着があり、今の道を選んで歩んでいる17年間ですが、「どんな企業で働きたいと感じるか？」には今もって唯一無二の答えがあるとは思っていません。移り変わりはあるものだなとも感じます。ただ、この問に対する答えには、その方の価値観や経験、所属する組織の文化などが反映されるものと推察されます。学生諸君には、企業を自身のキャリアを磨く場所の一部、自己実現の場（当然、対価として職責を全うすることが前提ですが）と捉えて、該問に対する自身の価値観と企業の価値観を照らし合わせてみることをお勧めしたいと思います。

　皆さんの研究開発人生が幸多いものになることを祈って筆をおかせていただきます。

研究開発職とは③

ポリオレフィン企業研究者は日々どんなことをやっているか

三井化学株式会社 研究開発本部 高分子・複合材料研究所

植草　貴行

はじめに〜ポリオレフィンの技術検討について〜

　筆者が勤務している三井化学株式会社は、エチレン、フェノール、ウレタン原料等の基礎化学品からメガネレンズモノマーや各種ポリオレフィン材料等の機能化学品、最近は電子メガネ等の製品までを製造、販売するメーカーです[1]。事業が広範囲にわたるため、ひと言で素材の研究開発といっても製品ごとで大きく異なります。そこで本稿では、筆者が開発したポリオレフィンの新規材料の用途開発を事例にして、企業研究者の日々の業務について紹介したいと思います。

　さて、『ポリオレフィン』といわれてもどのような材料か分からないかもしれません。化学系の学生の方は、1930年代に高圧法ポリエチレン、1950年代にチーグラー・ナッタ触媒による低圧法ポリエチレン、ポリプロピレンの創出と工業化について学んだかと思いますが、現在では全世界で生産されている合成樹脂の約55%がポリエチレン、ポリプロピレンであり、ほかのオレフィン系材料を含めると膨大な数量になります。これらは、バンパーや内装材などの自動車部品、食品パッケージや容器、スマートフォンに搭載されているプラスチックレンズの一部など、身の回りにある様々な製品に使用されています。

　ところで「自動車のバンパーは数10年前からポリプロピレン製だが、まだ技術開発は必要なのか？」「すでに製品があり、以前から変わっているとは思えないが、どんな開発があるのか」などの疑問も出ると思います。これらの疑問は以下で応えたいと思います。

1.　技術開発：『ファーマー型』と『シェフ型』開発

　事例として、SDGs的な自動車の排ガス規制対策をあげます。技術革新のひとつである電気自動車、燃料電池車の開発は各社検討していますが、ガソリン車では、燃費向上を目的とした【車体の軽量化】も方策にあがるでしょう。軽量化には、①車体の小型化、②部品を薄肉化、③金属部品の樹脂化、などの考え方があります。ただ、部品が薄くなっても安全性は同じにしてほしいですよね？そのような【薄くなっても耐衝撃性は同等（＝高機能化）】という技術課題に対して、われわれ技術者は日々、ポリマーの設計や改質材の配合を検討しています。

　一方で、自動車部品の加工メーカーから、「部品の形状、構造が変わったことで、従来問題なく成形できていた材料では加工しにくくなった」「外観が悪くなった」という課題を聴取したとします。【性能は同等で、成形性を向上してほしい（＝作業性向上）】という技術課題に対して、われわれ技術者は日々、ポリマー溶融時の流動性を調整したり添加材料を配合したり技術検討を続けています。

　上記の事例からも、単に素材の性能向上を追求するだけではなく、カスタマー目線に立った困りごとに応え、加工法まで提案する技術開発が必要だとお分かりかと思います。当社でも前者を『ファーマー型（素材の品質を追求）』、後者を『シェフ型（加工法まで提案）』と呼んでいましたが、両者の開発をバランスよく実施していくことが必要です。

2. 用途探索〜B to BからB to C〜

　既存用途の技術開発以外にも、素材の適応可能性を広げるための用途探索も行います。材料の特徴と実験データを元に、適応できそうな用途、提案可能なメーカーを考えます。この際、各業界・製品の次世代トレンドを取り入れるため、各メーカーへヒアリングを実施することもあります。技術発信のシーズ提案だと若手の技術者でも意見を出しやすく、若手ならではの斬新なアイディアが採用されることもあります。

　適応できそうな用途は、データ採取、加工形態、提案方法を準備してメーカーに提案を開始します。営業メンバーだけではなく、技術者も同席するケースは多く、筆者もオンライン面談が主流になる前は1週間のうち半数は出張して複数の顧客面談に参加していました（最近はオンライン面談が多く、複数名参加しやすくなりました）。紹介後、1社と共同開発する場合もありますし、複数メーカーで開発が進むこともあります。

　上記の事例として、私の開発した材料での体験を紹介します。この材料は、体温で柔らかくなり冷えると硬くなる、凹凸に追従して転写する、掛けた力が緩和して低減される、などという特異な特徴があります。寒冷地から酷暑地域まで広い温度領域で一定の性能を発揮することが要求される用途には不向きですが、人間の生活環境、特に身体に触れる用途では他材にはない特異的な性能を発現します。そこで産業用製品（B to B）と並行して、新たに消費者製品（B to C）への展開を開始しました。体にフィットする、締め付け力を低減できる、温度で硬さが変わる、といった機能を元にして、アパレル用資材やマスク紐、玩具などが候補用途としてあがり、提案に向けたコンセプトサンプルを作製し、技術データ採取などでメーカーの開発を支援しています。時には一緒に試作メーカーに行ったり、商品パッケージに入れるデータを測定したりもしました。

　用途開発の一方で、産学連携でのメカニズム解析[2]や、学会発表、技術セミナーでの講演も行い、またデザイナーとの協業[3]なども実施しています。素材の魅力を伝えるためには、シンプルな形状が良いだろう、という意図でコップを作り、ミラノの展示会へも出展しました。これらの活動により、素材の認知度向上とともに、われわれだけでは想定できなかった新たな用途探索へとつなげています。

おわりに

　環境、社会情勢の変化が著しい現代、筆者は化学メーカーの技術開発者こそ数10年後の将来にわたって生活に影響を与えうる可能性を秘め、クオリティ・オブ・ライフ向上に寄与できると考えています。素材を起点とした用途開発は、『広く、浅く』なりがちですが、一方で特定分野や用途に限定されない材料提案が可能です。つまり各業界のトレンドを把握し、材料への要求特性を知る機会に恵まれるともいえます。

　化学メーカーの技術開発者は、川下メーカーの人からは"素材のスペシャリスト"として期待されていると感じています。幅広い分野のカスタマーからの要望こそ、素材に関して日々の技術革新が行われている源泉であり、将来の社会実装につながっていくと感じます。

参考文献

1) https://jp.mitsuichemicals.com/jp/techno/index.htm
2) Okamoto, M.; Mita, K.; Uekusa, T.; Takenaka, M.; Shibayama, M.; Polymer 2020, 191, 122269.
3) https://jp.mitsuichemicals.com/jp/molp/work/09.htm

第2章

企業研究職を
めざすために

大学・大学院での準備

株式会社 AndTech 顧問（元 帝人株式会社）

平坂　雅男

はじめに

　就職の相談において、「就職のために、大学で何を学んでおけばよいのですか？」という質問を多く受けます。理工系学生にとっての理想は、卒論や修論の研究テーマの専門性を活かして企業で研究することでしょうが、企業の研究開発は科学技術の探求でなく産業利用に向けた活動であり、専門領域の延長での仕事に就くことは難しく理想と現実は異なります。しかし、企業では、仕事を通じて新たな知識を習得することができ、経験を積み重ねることで新入社員は成長していきます。それでは、大学や大学院では何をすべきでしょうか。企業の研究開発者によって、その答えは、千差万別ですが、ここでは基本的な考え方について紹介します。

1.　目的意識

　理工系学生の皆さんが、大学に進学した理由は何でしょうか。就職面接において、「学部や学科を選んだ理由は何ですか？」と質問されることもあります。「なんとなく」と思う人も多いかもしれませんが、よくよく考えると、学部や学科を選択した潜在的な背景には、その分野に対する興味や関心

があったと思います。また、大学での専門科目の選択においても、単位がとりやすいことが理由ではなく、その専門領域の知識習得に対する心理的な目的意識があったと思います。目的意識を持つことは勉強に対する姿勢ともいえます。企業では、研究開発の目的を理解し、課題を解決するために必要な知識や技術の習得が必要となります。すなわち、企業において目的意識をもつことは仕事に対する姿勢であり、学生時代に目的意識をもっていないと、自らで考える社員になることができません。

2. 興味・関心

　大学の勉強に対する興味や関心は、純粋に科学的な側面であったり、産業応用といった工学面であったりしますが、授業や科目に対する興味や関心ばかりでなく、様々なことに興味や関心をもつことが重要です。企業は、豊かな社会の実現、持続可能な社会の実現、環境負荷の低減など社会に役立つ技術を開発し、製品や事業として展開します。そのため、研究開発のテーマは技術動向のみならず社会動向の影響を受けることになります。企業の研究開発者は、担当する研究開発テーマに関心をもつことはいうまでもなく、社会の動きなど様々なことに興味や関心をもつことが必要となります。大学時代から、新しい技術、社会の動き、消費者行動などについて興味や関心をもち、なぜ、新たな動きが起きているのかを考察できる力をつけるとよいでしょう。

3. 基礎科学

　化学、物理、数学、生化学などの基礎を学部1年から2年のカリキュラムで学ぶと思いますが、この基礎科目が重要となります。現在、科学技術の専門領域は細分化されていますが、基本となる学問体系を学ぶことは重要

です。企業において、基礎科学の知識は研究開発に必須で、また、応用面でも役立ちます。研究開発の成果に対して科学的な解釈ができないと、技術上の問題が生じた際にそれを解決することができません。また、数値データを取り扱う機会が多いことから、統計学の基礎も習得すべきでしょう。企業の研究開発ミーティングでも、基礎科学面での議論がよく行われます。基礎科学の知識は、入社後、違う専門分野の研究開発を担当することになっても必ず役に立ちます。大学時代に、基礎科学の知識を身につけることは必須といえます。

4. 英語

　企業の研究開発において英語は必須となります。海外出張や海外からのお客様との打ち合わせの機会もあり、英語のスキルアップを心がけておくべきでしょう。英語力の判定にTOEICのスコアが使われることが多く、到達すべき目標スコアを定めている企業もあります。TOEICは、英語コミュニケーション能力の判定ともいえますが、企業活動では、英語が話せるだけでなく、信頼感、交渉力、文化の理解など様々なスキルが必要となります。入社後も、業務経験を通して、また、社外研修などで英語スキルを向上させることができます。最近では、他の外国語を自主的に勉強する人も多く、グローバルな企業活動を支える力となっています。

　海外での仕事では、海外の方々と一緒に食事に行く機会もあり、そのような会食では音楽、スポーツ、文化などが話題となります。また、都市の大きさを人口で測ることが多く、住んでいる都市の人口もよく聞かれます。日本のことを海外の方に説明するための知識を持つことも必要となります。

5. オリジナリティー

　卒論や修論の研究テーマの決め方は、大学や大学院の研究室の指導方針により異なりますが、先輩の研究を受け継ぎ発展させる研究テーマの設定が多いと思います。このような与えられた研究テーマでも、その研究目的を理解し、研究を行う上で自分のオリジナルな考え方を出すことが求められます。オリジナリティーは、自分の知識が源泉となります。フランスの細菌学者ルイ・パスツールの言葉「幸運は用意された心のみに宿る」のように、日ごろの知識習得や努力が研究での発見に結びつきます。また、予想外のものを発見する言葉として、セレンディピティも使われます。研究において、ふとしたことから新たな価値を見つけることは、自分に知識や思考力がなければできません。そのため、多くの知識や経験、そして、思考力を身につけることを心がけるとよいでしょう。

6. 論理的思考力

　大学や大学院では、研究成果を学会発表や論文投稿する機会があると思います。これまでの発表されている学術論文を調べ、新たな研究課題を見出し、それを解決するための仮説と検証を経て、研究発表や論文となります。学術論文では、投稿論文の内容を精査する査読者がいるために、論理的な展開が求められます。そのため、先行研究の調査と共にその研究課題を見出し、研究目的を明確にして実験計画を立て、得られた実験データを考察し、結論を導く必要があります。学会発表でも同様ですが、このような研究開発の成果をまとめるうえで、論理的な構成をしっかりと考える力を養うとよいでしょう。就職面接では、卒論や修論のテーマについて説明が求められます。その説明で、論理的思考力のレベルが判断され、研究開発に適しているかが判断されます。

7. プレゼンテーション能力

　前述した論理的思考力とともに、研究成果の進捗ミーティングや学会発表などで、プレゼンテーションする機会も多いと思います。このようなプレゼンテーションでは、聞く側が理解できるように資料を作成し、また、わかりやすい説明が求められます。プレゼンテーション能力は、発表や説明の場数を踏むことでそのスキルは向上しますが、プレゼンテーションが上手い人のスライドや話し方を学ぶことも役立ちます。海外企業のプレゼンテーション資料は、ビジュアルでデザインもよいので、いろいろな企業のプレゼン資料を参考に独自のスタイルが作れるとよいでしょう。学会の口頭発表とポスター発表では、プレゼンテーションの資料が異なるように、相手方の人数や知識レベルなどを考慮してプレゼンテーションのスライドが作成できるようになるのが理想です。

8. 教養書

　学生時代に教養書として読むべき本はいくつもあります。名著と呼ばれる本は読んでおくことをお薦めします。特に、現代の社会や経済を考えるための教養書は読んでおくとよいでしょう。ここで紹介する本が、すでに絶版になっている場合は、中古本や図書館の蔵書を検索してみてください。環境問題では、ローマ・クラブ「人類の危機」レポート『成長の限界』やレイチェル・カーソンの『沈黙の春』があります。どちらも1970年代に出版された本ですが、必読書だと思います。また、生物多様性であればチャールズ・ダーウィンの『種の起源』があります。戦争問題に関しては、日本戦没学生記念会（編集）の『きけ わだつみのこえ』があり、この本では戦争中の日本の大学生が何を考えていたかを知ることができます。一方、経済であれば古典ではありますが、アダム・スミスの『国富論』やカール・マルクス

『資本論』があります。イノベーションについては、J.A.シュンペーターの『経済発展の理論』や、P.F.ドラッカーの『イノベーションと企業家精神』があります。翻訳された原著を読むことが難しくとも、最近では解説書もありますので、関連する教養書もあわせて読んでおくべきでしょう。

9. プチ社会経験

　ボランティアやアルバイトなどで社会経験をする機会も多いと思います。このようなプチ社会経験では、人と接する態度や言葉、仕事の仕方、そして、仕事の厳しさや楽しみを知ることができます。このような経験を通して、学生同士の付き合いとは異なるコミュニケーションスキルを培うことができます。また、リーダー役になった場合には、後輩への指導や仕事の段取りなど責任感を感じることになると思います。自分を磨くことができるプチ社会経験は学生時代に必要と思います。

博士号は必要か

　博士号は、「足の裏のごはん粒」のような喩えで、取得しなくとも良いが、取得した方が気持ちがよいでしょうといわれています。博士号は、研究の成果が認められた称号でもあり、研究者として自立できることの証でもあります。企業でも、社会人博士課程を経て学位を取得する人も多いですが、周囲からは学位があることで研究の実力があると評価されます。しかし、周囲の期待と本人の実力にギャップがあるときは、博士号を取得しても研究者として素養がないと判断されてしまいます。さらに、企業では、博士号をもっているからといって生涯研究者であることは稀です。一方、海外の大学や企業と共同研究を行うときには、初対面で本人の研究スキルを判断することができないために、名刺に書かれた博士号は相手方に好印象を与えます。とくに、海外の大学との共同研究は、博士号が必須であると考えてもよいでしょう。

　博士号の取得は就職に不利になると考える人もいますが、本人に研究開発の実力があれば不利になることはありません。実際、多くの企業で、博士号を取得した研究開発者が活躍していています。大学院での博士号の取得はあくまでの通過点であり、その後の研究開発に対する取り組み方が判断されますので、実力の世界ともいえるでしょう。

企業が研究者として学生に求めるもの

三井化学株式会社　新事業開発センター
マーケティング＆イノベーション推進室 室長／博士（工学）
山崎　聡

はじめに

　この書籍を手にとられている学生は、企業へ入社後、研究職に従事し、自ら考えて世の中に役立つ新製品を創りたい想いに満ちた方々と思います。私は大学を卒業して当社に入社後、直ちに研究所に配属となり、28年間研究職として新製品の研究開発を推進してきました。その後、2年間事業部および研究開発企画部門で新製品開発の企画ならびに実行を、そして、2年間投資会社へ出向し、大学発のスタートアップ企業を含めたベンチャーキャピタルの業務を経験いたしました。現在、当社へ戻り、研究職および新事業の開発を志すメンバーと共に当社の新事業の創出に向けて、日々奮闘しております。

　長く研究職に従事してきた中、当社のリサーチフェローとして新製品の開発を牽引し、グループリーダーとして社内外の調整を図りながら、多くのパートナーのご協力およびご支援のもと、世界初の新規な化学物質を創製[1-5]し、社会実装化できたことは私の人生において非常に大きな糧となっております。現在、現役の研究職ではございませんが、私の経験が少しでも読者諸氏のご参考になれば幸いと思い、本節に関わる想いを述べさせていただきます。

1. 研究者に求められる能力や適性

　企業の研究開発では、決められた時間軸に沿って、研究した成果を社会実装し、世の中に役立てることが明確に求められております。事業としての利益を得て、次の研究開発に必要な資金を投じることにより企業の持続的な成長を実現する新製品開発のドライバーとして研究開発部門は期待されています。この使命を達成するために、多くの企業では、研究者に対して2つの職種を設定しております。

　1つめが基礎研究職です。大学の研究のオペレーションと非常に類似しておりますが、企業では、時間軸を定めているため、事業への波及度が高い研究テーマと見込まれると、触媒開発、プロセス開発、分子設計の研究などを同時並行によりプロジェクト体制で進めることが多いです。実験は1人で遂行することもありますが、プロジェクト体制では多数のメンバーと協働しますので、得られた結果を社内の関連部署あるいは社外の共同開発先に報告し、お互い納得して次の方策を実行するための**コミュニケーション能力**が非常に重要となります。

　たとえば、化学企業ですと、市場の困りごとを解決する、あるいはご要望を満足させるために、化学の力を活用して新たな物質を創る研究テーマが多く見受けられます。その際、どのような分子構造を設計するか、さらには、環境に負荷を与えず、その構造を効率的に作るためにはどのような触媒が必要で、どのような合成プロセスが適しているのか、など様々な基礎的知見の確立が必要となります。得られた知見をもとに、企業は他社とコンセプトが異なる差別化された技術あるいはサービスを開発し、他社からの事業参入を阻止するために特許を出願します。したがって、研究者には、自ら考えて、社会課題を解決できる技術あるいはサービスを創製するための高い**オリジナリティ（独創性）**が求められます。さらには、未知の事象を探索し、それを解明するために

研究を継続させる強い**メンタリティ（精神力）**も求められます。

　2つめの職種が応用研究職です。この職種では基礎研究部門が創製した技術をもとに、お客様のニーズに見合う仕様にチューニングし、商品を開発する研究が多くなります。お客様とは、たとえば、当社で開発した素材は自動車の部材に用いられていますので、その製造会社がお客様に該当します。共に製品開発を進めていく社内外パートナー先で成形加工して自社が販売する試作品（プロトタイプ）を作り、いち早くプロトタイプを市場に届けて、評価を仰ぎ、そこで抽出した課題をもとに、次の研究に反映させる業務などがあげられます。とくに、自社の製品の販売を想定しているお客様の顕在のみならず潜在課題を想定しながら、自社製品の特徴をご理解いただき、世の中に生み出していくためには、高い**コミュニケーション能力**に加えて、自身が手掛けた商品を何としても社会実装するという強い**メンタリティ**も必要となってきます。

　置かれている状況は異なりますが、上述したように基礎研究、応用研究でも企業における研究者に求められる能力は同じだと考えております。研究した成果がすべて社会実装化されれば研究者にとって、このうえない幸せですが、現実は、お客様のニーズにあと一歩足りない、あるいは他社との差別化ができず、採用が見送りになった事例は研究開発の現場において散見されます。また、社会課題が多様化かつ複雑化し、変化のスピードが速い昨今において、自身あるいは自社の技術のみで課題を解決することは非常にハードルが高くなっていると感じております。自身の想いを社内外のパートナーに共感いただき、多くの賛同者と一緒に協創できるよう、相手を巻き込む**プレゼンテーション能力**も必要となってきます。そして、研究開発を進める過程において、インプットした情報から得られるアウトプットを分析し、次の展開に発展させる**論理構築力**、アウトプットの分析を通じて研究開発の方向性を

決める**客観的判断力**もますます重要になってくると思われます。

　企業が求める研究者の能力をキーワードとしてまとめると、オリジナリティ、メンタリティ、コミュニケーション能力、プレゼンテーション能力、論理構築力および客観的判断力だと考えております。この中でも私はとくに、コミュニケーション能力が一番重要だと感じております。企業の研究に長く従事して想うことは、自身の研究開発に対する熱い情熱はもちろん重要ですが、1人でできることは限られていることです。1つの製品を世の中に出す、すなわち社会実装化するためには、研究開発による製品設計に加えて、その製品に対する知的財産権の獲得、安全性の調査、確認、工業化スケールにおける製造技術の確立および原材料からお客様に製品、サービスをお届けするまでのサプライチェーンの構築など、社内外のパートナーとの丁寧なコミュニケーションを通じて、想いをひとつにして共に協力し合う体制を構築することが肝要だと考えております。

　ここまで読まれた読者諸氏の中には、企業が求める研究者の能力は非常に高く、実践できるか不安に思われた方もいらっしゃるかもしれません。しかし、私の経験から、研究に対する想いや情熱、そして適正があれば、上述した能力は後から身に付くと考えております。その適正とは、世の中の新しい技術や事業（出来事）に関心があり、好奇心が旺盛で、何事にもチャレンジしようと想う前向きな気持ちをもち続けることだと思っています。この適正があれば、研究開発を通じて、きっと世の中に貢献する新しい製品やサービスを実現できると信じております。

2. 学生時代に経験してほしいこと

　企業での研究職をめざす読者諸氏に、僭越ながら学生時代に経験してほしいことを5つ以下に述べさせて頂きます。私の専門分野を例にすると、化学は「実験の科学」だと考えております。今後、人工知能の発達により、マテリアルインフォマティクスの技術が急速に進展することが予測されておりますが、最終的には実験により検証するプロセスは不可欠だと思っています。

　1つめのお願いは、実験の過程で起こりうる現象をしっかり観察する**「観察眼」**を養ってほしいことです。もっと端的に述べますと、実験の際は現場で何が行っているのか、フラスコをはじめ、実験装置からアウトプットされる系の変化をつぶさに観察してほしいと願っています。刑事ドラマなどで、刑事が何回も現場に足を運び、原因を究明する「現場百遍」の考えに通じます。実験の科学である「化学」は、色が変わる、粘度が変わる、温度が変わるなど、目で見えない原子、分子レベルの挙動が系の変化で観察できる学問です。たとえば、わずかな微量成分の存在により、机上では予想もしなかった化学反応を誘発することがあります。その原因を丹念に調べることにより、新たな反応機構がわかり、長年抱えていた課題を一気にブレークスルーするといった展開が化学の世界ではいまだに多く存在しています。偶然の出会い、予想外のものを発見する、あるいは何かを探しているときに、探しているものとは別の価値があるものを偶然見つけるといったセレンティビティーが化学の醍醐味であり、是非、早い段階から、観察する眼を養っていただきたいと思います。

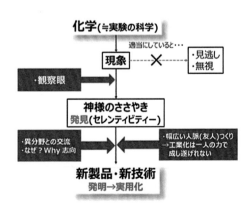

このようにして獲得した基礎的知見を通じて、さらに研究を推進することにより、新製品、新技術を発明し、実用化につなげていきます。その際、前記したように、社会実装化するためには、1つの学問分野ではカバーしきれません。

2つめのお願いは、**「異分野との交流」**です。1つの化学製品を創るために、触媒化学、有機化学、高分子化学の他、化学工学など幅広い領域の知見が必要となります。昨今ですとカーボンニュートラルに資する製品を開発するために生物工学、無機化学などの知識も必要になる局面があります。発想を豊かにするために、学会、シンポジウムなどに参加しながら、自分の専門と異なる分野の知見を積極的に吸収していける素地を培ってほしいと願います。

3つめは、**「なぜ、Why指向」**をもっていただきたいことです。教科書や論文に記載している内容を鵜呑みにせず、自分が疑問に思ったことは納得するまで追求できる姿勢を学生時代に養ってほしいです。

4つめのお願いは、**「幅広い人脈（友人）つくり」**です。前記したように、1つの製品を世の中に送り出すためには、様々な知見を有した方々のご協力、ご支援が必要となります。大学のゼミの他、サークルでもバイト活動でもお互いを尊敬する気持ちで丁寧にコミュニケーションを図っていく習慣を学生時代に醸成いただけると、きっと研究職のみならず、企業でグローバルに活躍できる人材になり得ると確信しております。

最後の5つめは、**「失敗を恐れず、果敢にチャレンジする」**ことです。先行きが不透明で、将来の予測が困難な時代、チャレンジしないことがリスクだと思います。学生時代に、研究のみならず、サークル活動をはじめ、身の回りのことに関心をもって、様々なことにチャレンジする経験を積んでいただければと願っております。研究職は、机上の計画通り進まないことが

あり、失敗も多いですが、自分の考えで社会課題を解決できる種を生み出せる非常にやりがいのある職種だと考えております。研究職に従事することで是非、自らの手で生み出したものを世の中に送り出す喜びとその醍醐味を味わってほしいと願っております。繰り返しになりますが、失敗を恐れず、果敢にチャレンジして得た経験は、将来、絶対に自分の糧になります。

おわりに

　中国、インドの台頭、ウクライナとロシアの紛争、急激に進む地球温暖化、国内では少子高齢化の進行など、われわれを取り巻く環境の変化は非常に激しくなっております。企業における研究者にとって、これまで以上に市場との対話を通じて、社会、業界を取り巻く動向を的確に把握し、どこに製品、サービスの存在価値を見出すか、すなわちニーズを感じ取る「感性」を高めることがますます重要になってくると思われます。そのためには、自分の専門分野やビジョンをもち、その上で変化に対応する柔軟性をもつこと、そして、その変化をネガティブに受け止めず、チャンスと受け止めて知恵を出していくことが必要と考えています。変化が激しい時代だからこそ、前向きにチャレンジする気持ちをもち続けてほしいと願っております。最後に、私の好きな言葉である「為せば成る」「一期一会」を読者諸氏にお送りいたします。

参考文献

1) 昇忠仁、船木克彦、大久保和彦、山崎聡、佐伯卓哉、第49回石油学会 学会賞予稿集、22（2006年）
2) 山崎聡、特集若きリーダー達Ⅱ、63巻、45、高分子学会（2014年）
3) 山崎聡、長谷川大輔、小椎尾謙、第30回日本ゴム協会 協会賞、日本ゴム協会誌予稿集、34（2018年）
4) 山崎聡、中川俊彦、森田広一、進藤敦徳、武内寛、第40回日本接着学会 技術賞、日本接着学会予稿集、24（2018年）
5) 山崎聡、森田広一、中川俊彦、進藤敦徳、佐々木祐明、GSC奨励賞、新化学技術推進協会（2020年）

就職企業選定の
ポイント

株式会社 AndTech 顧問（元 帝人株式会社）
平坂　雅男

はじめに

　就職先の企業を選定する上で、企業情報は欠かすことができません。企業情報は、会社案内やウェブページ、そして、リクルート向けの情報など様々です。豊富な情報から就職企業の候補を選定するには、どのような情報の見方をすればよいでしょうか。本節では、公開されている企業情報をもとにした企業研究の方法を紹介します。

1.　企業理念

　企業理念とは、企業が存続するうえで、根幹となる考え方や価値観を示したもので、一般社会や株主などのステークホルダーに対して企業の存在意義を示すばかりでなく、従業員に対しても企業がめざすべき方向を示す役割をもっています。企業理念が自分の考え方や価値観と一致しているかは、就職先を選択するうえでひとつの重要な要素となります。また、企業理念に基づいた行動指針も参考にするとよいでしょう。企業理念と同様に、社是として企業のあるべき姿を表現している場合もあります。さらに、より具体的にビジョンやミッションを示している企業もあります。就職をめざす企業が何を

大切にしているかを、まず企業理念などから知ることが大切です。

　企業理念を社会に示す方法は様々で、たとえば、サントリーグループの場合には、お客様、そして、地域社会や自然環境と交わす約束の言葉として「水と生きる」を理念体系のトップにしています。また、本田技研工業は、「人間尊重」「三つの喜び」から成る"基本理念"、"社是"と"運営方針"で構成するHondaフィロソフィーを設定しています。このように、就職先と考えている企業の理念や行動指針を、ウェブページから調べて研究することも参考になります。

2.　企業概況

　企業はアニュアルレポートや年次報告書などを発表しています。このような報告書は、各年度の事業概況とともに、将来ビジョン、環境への配慮、そして、社会貢献の取り組みなどが記載されています。リクルートのための会社案内に比べ、より企業の実態を知ることができ、ウェブ上で公開されています。企業が直面している課題や研究開発に対する取り組みも記載されていますので、このような報告書は必読と思います。また、企業は、3年から5年の将来を見据えた中長期経営計画を策定し発表しています。この中長期経営計画では、企業が注力する事業領域や企業成長のための研究開発の取り組みが記載されています。すなわち、中長期経営計画から、企業の現状と将来性を読み取ることができます。

3.　有価証券報告書

　有価証券報告書とは聞きなれない言葉かもしれませんが、金融商品取引法で株式を発行する企業に義務づけられた公開資料です。企業のウェブサイトの投資家向けの情報や公開情報に掲載されています。有価証券報告書に

は、経営方針や経営環境が掲載され、また、事業リスクが記載されていますので、企業がおかれた状況を知ることができます。そして、理工系学生にとって参考になるのが研究開発の状況です。研究開発方針や研究開発体制、さらに、研究開発費を知ることができます。先のアニュアルレポートや年次報告書に比べてより詳しい情報が記載さています。ぜひ、参考にしてください。

4. 研究開発活動

　企業の研究開発の成果は、特許面から知ることができます。企業にとって、研究開発において発明した技術を特許として権利化し、自社の技術を保護することは重要な研究開発活動です。特許を出願し1年6か月経過した後に、特許庁は公開特許公報として出願内容を公開します。公開された特許明細書には、発明の技術的な背景や課題解決の手段などについて詳細な情報が記載されています。また、出願人として特許を出願した企業や大学、そして、発明者の名前も記載されています。独立行政法人工業所有権情報・研修館が運営する特許情報プラットフォームでは、無料で特許情報を検索することができます。就職先の候補企業を出願人として検索することで、その企業がどのくらい特許出願しているのか、また、どのような分野の技術開発に力を入れているかを知ることができます。出願人が複数いる場合には、その企業が他の企業や大学などと共同研究している実態を知ることもできます。

　一方、学会発表は、企業の研究開発のアクティビティーのひとつとして評価することができます。学会などでの学術発表に積極的な企業を知るには、学術講演会やシンポジウムのプログラムを検索することが有効です。学術論文の検索サイトにおいても同様です。企業に就職した後に、学術発表ができる環境があるかを知る手がかりのひとつになると思います。

また、学会によってはリクルート支援活動の取り組みを行っています。企業の研究者との相談会などの開催もあり、このようなイベントを利用して、人事部のリクルート担当者ではなく、実際に研究開発に従事している社員から生の声を聴くことも重要と思います。

5. 業界地図

各企業の情報を用いた企業研究のみならず、就職を希望する業界での競争関係などを示す業界地図も参考になります。市販の業界地図は、業界の規模や将来性、業界における主要企業の業績やランキング、そして提携関係などがビジュアルに描かれています。就職を希望する業界を研究するだけでなく、他の業界地図もあわせて読むことにより日本の産業構造が理解できます。学生のための就職情報サイトでも、業界地図があるので参考にされるとよいでしょう。

6. 企業選択のポイント

企業の業績や処遇のみならず、就職をめざす企業が自分自身に合っているかはひとつの重要ポイントです。企業理念や行動指針が従業員に浸透している企業では、自分たちのめざす方向が明確です。自分の価値観と企業の価値観が等しいかを考えることは、ひとつの判断基準となります。また、企業の社風も重要な判断基準のひとつです。企業の社風は、ウェブサイトからでは見えづらいので、社員に直接会って聞くことが必要ですが、社員のインタビュー記事や口コミサイトを利用するなどの方法もあります。研究開発では、社風にチャレンジ精神が感じられるかもひとつの判断基準となります。

大学や大学院での専門領域の知識を活かしたいと考えるなら、知識が活用できる企業を探さなければなりません。しかし、研究領域とまったく同じ

領域の仕事に就くことは稀なケースでしょう。そのため、細分化された専門領域に絞るのではなく、その専門領域をめざした根幹を考えることが必要です。「分子レベルの仕事がしたい」「データサイエンスの仕事がしたい」「人の健康に役立つ仕事したい」「環境改善のための仕事をしたい」など、自分が何をやりたいかを考えてみるとよいでしょう。入社後に学生時代の専門領域と異なる領域の研究開発に従事し、新たな知識を習得して活躍されている方も多くいます。また、新たな専門分野で博士号を取得している方々もいます。就職する企業で、自分のめざすことが実現できるかが企業を選択するうえでのポイントとなりますので、どのような仕事をしたいのかを改めて考えてみてください。

　一方、研究開発の経験を重ね研究開発のチームリーダーとして活躍するキャリアとは異なり、研究開発を管理するマネージャー、新たな研究テーマを考える研究企画、もしくは、事業部での事業推進などのスタッフに転身することが多いです。このような企業でのキャリアパスを知っておくことも必要です。また、ワークライフバランスの観点から、結婚や出産などのライフイベントに対する福利厚生や制度なども考慮する必要もあり、さらには、研究所や開発センターの所在地を考えることもあります。これらについては、本書の先輩方々の経験談を参考にしてください。

　最終的には、自分自身で何を優先するかを考える必要がありますが、就職前に企業で研究開発職に就く意味を自分なりに問い直してみるとよいでしょう。このような目的意識をもつことは、就職面接で「あなたは、会社で何をやりたいのですか」と聞かれたときの対応にも役に立つと思います。

企業の栄枯盛衰

　入社したときは企業の業界は華々しかったけれど、現在は衰退した業界になったという経験談はよく聞かれ、また、逆のケースもあります。下の表は、就職人気ランキングの変遷を示したものです。社会動向や技術動向の変化により、人気ランキングも様変わりしています。社会や技術の大きな変化と厳しい波を乗る超えるために、企業は事業内容を再構築します。実際、企業は数十年という期間で特定の事業を収益源とすることは難しく、企業がどのように経済ショックや技術革新の危機に対処してきたかを研究することで、企業の強みを見出すことができるかもしれません。

1980年	1990年	2000年	2010年	2020年
1. 日立製作所	1. 日本電気	1. ソニー	1. 味の素	1. ソニー
2. 東芝	2. ソニー	2. 資生堂	2. パナソニック	2. 味の素
3. 日本電気	3. 富士通	3. 本田技研工業	3. カゴメ	3. 富士通
4. 富士通	4. 日本電信電話	4. NTTドコモ	4. 資生堂	4. サントリーグループ
5. 松下電器産業	5. 日本アイ・ビー・エム	5. トヨタ自動車	5. ソニー	5. トヨタ自動車
6. 日産自動車	6. 松下電器産業	6. 旭化成工業	6. 明治製菓	6. NTTデータ
7. ソニー	7. 日立製作所	7. NTTデータ	7. 三菱重工業	7. カゴメ
8. 日本電信電話公社	8. 日産自動車	8. 鹿島	8. JR東日本	8. 資生堂
9. 鹿島建設	9. 本田技研工業	9. 味の素	9. JR東海	9. 明治グループ
10. 本田技研工業	10. トヨタ自動車	10. 竹中工務店	10. 東芝	10. 日立製作所

先輩研究開発者からのメッセージ①

企業の技術者を
めざすために必要なこと

大日精化工業株式会社 ファインポリマー事業部
技術統括部 第 3 部 本部長　木村　千也

はじめに

　私は大学を卒業し1995年に大日精化工業に入社しました。入社後はポリウレタン関係の事業部へ配属され、微粒子や医療用素材といった新製品開発の経験を経て、近年はCO_2を原材料としてポリウレタンを製造するプロジェクトを担当しています。私の入社当時と近年の就職活動を取り巻く環境は大きく変化しており、私の経験がこれから就職を考える皆さんの参考になるのだろうかという心配はありますが、これまで企業の開発部門において多くの新入社員に接してきた経験を踏まえて話をさせていただきたいと思います。

1.　企業の技術者の資質

　おそらく皆さんが就職候補を選ぶ際に最初に考えることは大学での研究を活かせる企業を選ぶかどうかではないかと思います。実はこの点、まったく悩む必要ないと私は考えます。もちろん就職後も大学での専門性を活かせる職種に就けるのであればそれが一番ですが、しかしながら、企業が求めている研究分野と大学での研究分野が完全にマッチすることはあまりないと思います。もし、大学での専攻と異なる分野に興味があるのであれば、それを優

先して就職先を選ぶことになんらマイナス要素はないと私は考えます。

　皆さんは企業における技術者の業務をどのようにイメージしているでしょうか。おそらく大学の研究室に近いイメージを抱いていることでしょう。しかし近年の日本企業では基礎研究よりも応用製品開発や改良を担当している技術者の方が多くなっています。この理由として、市場における最終製品のライフサイクルが短くなり、使用技術の高度化が進んでいることが挙げられます。多くの企業では従来型の社内での基礎研究に替わり、産学連携など社外技術の導入を進める傾向が強まっています。研究部門の技術者の業務は社外技術と自社技術を融合させることが重要となり、そのような開発業務においては学術的な知識がベースとなりますが、製品の基礎知識の取得の方が必須です。製品知識は企業に就職しなければ取得することができないものであり、企業は新入社員を対象に、配属後に自社製品や技術を教育する訓練プログラムをもっているのです。

　企業の視点では、大学で学んできた時間よりも企業に入ってからの時間の方は遥かに長いと考えています。もちろん本音では即戦力となる人材が欲しいと思っていますが、多くの企業は入社後に技術者として育成することを前提としているでしょう。実際に私が従事した開発部門は高分子の分子設計を行う部門であり、テクニック的にも有機合成や高分子合成の知識を必要としていましたが、配属される技術者の多くは大学時代にこれらを専攻としてきたわけではありませんでした。当社の場合は先輩社員が指導員としてマンツーマンで教えるシステムにより、多くの技術者が数年の業務経験を経て一人前の技術者として成長しています。

　このように独自の育成システムをもつ企業においては研究テーマの専門性よりも個々の人材がもっている基本的スキルや適性の方が重要であると考え

ています。ではありますが、実はこれを定量的に評価することはかなり難しいことです。なので、採用面接においては一定水準であれば良いと判断されますが（すなわち卒論などで判断）、入社後に差が出る点なのでもう少し話をしたいと思います。基本的スキルとは、たとえば「調べる力」「考える力」「まとめる力」「報告能力」のように抽象的なものです。現実的に同じような採用試験を通り採用されている新入社員の基礎スキルには少なからず差があるように感じています。これは本人の能力というよりも、大学における研究開発の環境の違いではないかと思います。ということは技術者としての基本スキルを身に付けるためには、大学での研究と真剣に向き合うことが一番であり、日々のディスカッションに始まり、実験計画を立て実験し、結果をまとめ考察し、次の実験計画を考えること、卒業までの限られた時間の中で結果を出すためのスケジュール管理といった研究活動の経験そのものが企業に入ってから役に立つことになるのではないかと思います。また論文や学会での発表の機会も技術者のスキルアップに大事な経験だと思います。なので、学生時代に研究活動に真剣に取り組んだ自負があるのでれば、就職面接の場においても自分の強みとして答えてもらえたらと思います。

　また、研究活動の中で、多くの論文や雑誌を読むことをお勧めします。もちろん知識を深めることは重要であり得た知識そのものが役に立つでしょうが、それに加えて、自分の好奇心がどこにあるのか、本当にやりたいことが何であるのかを気づかせてくれるきっかけになるのではないかと思います。同様にクラブ活動やアルバイトなどもできる環境にあれば積極的に行うのがよいでしょう。先にも書きましたが私は就職先の選定においては自分の本当にやりたいことを優先すべきと考えています。学生生活というのは研究活動のノウハウを学び基礎スキルを身に付けながら、自分が本当にやりたいことを探す期間であると考えます。

日本の終身雇用の考え方は変わりつつありますが、企業の側は長く働いてもらうことを前提に「何を学んできたか」よりも「将来の期待」に重点をおいて採用をしています。皆さんも将来的に自分の夢を実現する場として、まずは長く勤めることを前提に就職先を考えてもらえたらと思います。夢と書きましたが、それは他人にとっては小さなものでもよいでしょう。自分の日常生活の中に自分の開発製品がある景色がみたい、といったような漠然としたものでもよいと思います。技術者の本質は社会の役に立つものを生み出すことであり、そのことに喜びを見出せるのであればどこに入社しても充実した日々を過ごせることと思います。また環境問題などの社会貢献を重視する人もいるでしょう。こちらも多くの企業がSDGsを考慮したテーマを進めているので、どこに入社しても社会貢献に結びつく業務はできることと思います。

おわりに

　長く企業の技術者として働いた実感として、企業の活動は利益を上げることにありますが、それは世の中の役に立つものを作ることであり、利益はその価値の対価であると強く感じています。自分が開発した素材が顧客に評価され新製品に辿り着く嬉しさは企業の技術者でないと味わえないものであり、また多くの人との関わりのなかでそれを成し遂げられたときにさらに大きな充実感を味わえるでしょう。どこの企業に就職したとしてもこの部分は本質的に変わりません。失敗をおそれることなく自分のやりたいことへの第一歩として就職活動に挑んでいただければ幸いに思います。

先輩研究開発者からのメッセージ②

大学で役立ったこと、就職の選定のポイント

コニカミノルタ株式会社 情報機器事業開発本部
材料要素技術開発センター化製品開発部　中島　一比古

はじめに

　皆さんこんにちは。中島一比古と申します。私とAndTechとの出会いは第1回次世代イノベーター育成講座[*1]（2017年）を受講したことに始まります。私はそういうオシャレな（?）講座を受講したことがなくて少し浮かれていて、毎回参加した方や講師の先生方とコミュニケーションをさせてもらっていました。それから現在までAndTechが開催するBS研究会[*2]などに参加させていただいています。

1.　大学までの道

　大学に入る前のことから書きますと、中学高校生の頃、父が一眼レフカメラを買った時点で写真やカメラに興味をもち始め、月とか土星などの天体写真を撮ったりしていました。カメラへの興味と関係あるかどうかは不明ですが、少年漫画雑誌のグラビアに興味をもっている普通の男子生徒でした。そんな中、不思議なことに気がつきました。自分が気に入る写真は決まってある特定のカメラマンが撮影していたのです。そういう経験を経て、いい写真を撮れるのは偶然ではないことに気がついてしまったのです。もっと写真の

ことが知りたくなって千葉大学工学部画像工学科に入学することにしました。入学当時には薄々気がついていたのですが、工学部で習うことは物理、化学、光学等のいうまでもなくエンジニアリングとして扱う領域です。撮影技術を教わる所ではないということはその後、嫌というほど味わうことになりました。大学の募集要項はきちんと読んだ方がよいということを入学後に知りました。

2. その当時の自分

　非常にお恥ずかしい話なのですが、私はまともに勉強「しない」意思満々で入学して、そしてその気持ちに忠実に生きていましたので、ひたすら写真を撮っていました。とくに興味をもっていたのはポートレート（人物）撮影で知り合いに声をかけて撮影させてもらったり、大学祭の時に声をかけて写真を撮らせてもらったりしていました。できた写真を送るということで住所を聞いたりしていて、まったく今の社会通念では考えられないことをしていました。当時はモノクロ写真に興味があり、写真を撮るとすぐに暗室に入ってフィルム現像から印画紙にプリントしていました。夜中に一人、暗室でプリントするととても綺麗に撮れているように見えるのですが朝見ると駄作に見えてしまいます。写真を撮って自己満足はしていましたが、授業にはほとんど出席せず単位が全く足りず、余裕で（？）留年をすることになりました。

3. 災い転じて福となす

　大学も卒業をするとなると、就職を考える必要があるのですが、大学に入る時点ではカメラマンになることを目指していた私としては、まともな製造業やメーカーに入る気はまったくなく、昼間は研究（大学生生活後半は

真面目にやっていました）、夜は研究室で、白菜鍋とビールで乾杯で満足していました。そんなわけであまり就職活動もしていなかったので、大学の先生が見かねて「ナカジ（私のニックネーム）、写真好きだからコニカ（現コニカミノルタ株式会社）に行かない？」と軽く言われ、私も軽い気持ちで「いいですね」といったところから採用面接が決まり、とんとん拍子で入社することになりました。当時の私は写真が私の普通の会社への入社を妨げると思っていましたが、まさか写真が就職の橋渡しになるとは思ってもみなかったです。「何かに没頭することはいいこともある」とその時思いました。

4.　大学で勉強しておけばよかった

　写真撮影についてはそれなりの知識があった私は、写真フィルム開発の部署に配属となりました。はっきり言って、大学で学ぶ物理、化学、光学などは今後、一生使わないと思い、なるべく勉強せず単位の取れる最低ランクの成績を取り、人のレポートを写させてもらうという愚挙までやって卒業した私が、まさか大学で学ぶ内容を社会人として使う羽目になるとは思いもしなかったです。最近は減りましたが、大学のころに買った専門書を引っ張り出して勉強し直すことも結構ありました。今は無駄と思っても、大学の講義、勉強はちゃんとやっておいた方がよいです。将来何に使うかわかりませんから。本当に人生は何があるかわかりません。学生の頃、C言語を遊びで先輩から習っていましたが今頃になってpythonを勉強し始めて意外と共通点があって助かっていたりします。

5.　大学の先生は、これから使え

　「卒業後に君たちが困ったときに、大学の先生はとても有用です。むしろ卒業してから大学の先生は使い出がある」と私が大学を卒業するときに先生が

おっしゃっていたのを覚えています。私は授業にはあまり出席しない学生でしたが先生との飲み会には参加する（そこだけは）真面目な学生だったので卒業後も定期的に卒業生と先生のグループで飲んだりしていますし、技術的に困ったときはお菓子など持って先生に聞きに行ったりしていました。大学には常に新しい情報が入りますし、卒業生同士のネットワークも先生を介してつなげておくことができます。もちろん、大学は学問の府であり高度な知識を得ることが大学の第一義ではありますが、先生と卒業後もつながっていることは、長い人生を考えると非常に有用なことだと思います。

6. 結局、どこで働いても同じ

　就職先をどこにするか。これは大学を卒業する人全員が悩む問題だとは思います。少なくとも大学に入って3年間はまともな就職する気がなかった私の意見ですので適当に聞いてほしいのですが、あまり悩んでもしょうがないことだと思います。「あの会社は雰囲気がよさそう」とか「あの会社は福利厚生が充実している」とかよく聞きますが、はっきりいって部署が変われば雰囲気は違いますし、上司が変わっただけで働きやすさは変わります。また、福利厚生については、使う人は使うでしょうが使わなければ意味がありません（私の会社も昔は箱根に宿泊施設がありましたが結局一回も使わないまま廃止になりました）。そうなると雰囲気のよい職場に入れるかどうかは運ですし、組織も数年で変わっていきます。あまり細かいことを気にしても意味がない気もします。今の就職状況をよく知らない私がいえることはないですが、できれば大学に在籍している間は学問を楽しむことに注力したほうがよいです。脳の活性は年々歳々落ちていきます。どうか、今の脳の活性を有効に使ってください。

7. 気楽に行こう、しょせん自分の人生

　私が就職した1990年代はまだ終身雇用制度が色濃く残っていて会社の先輩たちも新卒で入った会社で定年退職を迎える方もたくさんいましたし、今も大勢います。その一方、20歳代で転職する方もたくさんいます。どちらも正しいと思います。そもそも正解なんてないですし。ただいえることは、何かに熱中している人は道に迷うことは少ない（絶対ないとはいえないですけど）と思います。趣味でも仕事でも何でもいいので在学中も就職後も何かに熱中していてください。Stay hungry, Stay foolish by Steve Jobs!!

＊1　次世代イノベーター育成講座：高分子学会が主催するジネスプロデューサーとしての思考を
　　　身に付けることを目的とした全6回の講座

＊2　BS（ビジネスソリューション）研究会：大手製造業（化学、食品、電子機器等）の若
　　　手リーダー層（30～50代）を会員とする異業種交流・ビジネス開発を目的とした有志の
　　　集まり。

先輩研究開発者からのメッセージ③

大学入学から仕事まで「ニッチな領域」からふり返ってみた

ニチバン株式会社 購買部　河野　一博

はじめに

「ニチバン」という社名よりは、「セロテープ®」の方が馴染みあるかもしれません。「ニチバン」は粘着テープのメーカーで、絆創膏（「ケアリーヴ™」）や両面テープ（ナイスタック™）など、様々な使用シーンに合わせた粘着テープを製造販売しています（®：registered trademark TM：trademark）。

私の所属は「購買部」、皆さんには違和感があると思います。わが社の「購買部」には、技術系の社員が多く在籍しています。たとえば、原材料メーカーの事故や天災、法規制等により原材料が入手できない場合の代替品の探索と社内調整や、原材料起因のコストダウンを提案するときは技術的な知識（科学、品質管理等）が必要です。

1.　学科進学のきっかけ

私は「物性」という言葉にひかれて、理学部物性学科へ進みました。きっかけは地元の大学のオープンキャンパス、物理でも化学でもない「物性」という言葉に魅力を感じたからです。ちょうど、超電導の転移温度が高温化

していた頃ですので、テレビや雑誌で聞こえる言葉と学科がつながっただけかもしれません。

　結果、「物性」という看板を掲げていた学科を選択することにしました（今は改組でなくなってしまいましたが）。

2.　大学生活のこと

　大学生活といっても、「いかに単位を効率的に取るか」が命題のように講義には出ず、サークル活動に勤しむ学生生活を送っていました。

　ところが、2年までの一般教養を終え、3年生になると生活が一変しました。4年の研究室と大学院時代は皆さんと同じだと思いますので、3年生の時の学生実験の話をしたいと思います。

　私の在籍した学科では、約1か月単位で研究室を回ります。そこで個別に課題を与えられて発表日までに実験をして結果を出します。1か月で結果が出る課題なので、難易度は高くはありません。それでも課題によって難易度が異なりますので、課題の選択は大切です。実験へのフォローも研究室によって異なるので、課題が決まると、まず図書館へ文献を調べにいきます。期日に結果が出ていればよいので、早く終わればよいし、終わらなければ講義の時間ではなくても実験することが求められます。その中で2点、今でも心に残っている言葉があります。

　ひとつは、「報告会では、今回の実験で創意工夫をした点を報告すること」という教授の言葉。もうひとつは、「君たちは研究者だから研究者として扱う」という助手（助教）の言葉です。

　「創意工夫を報告する」というのは、発した意図はわかりませんが、実験をマニュアル通りに進めないように、自分で考える（自分事にする）ためのキーワードだったのかもしれません。今の業務にもつながる言葉だと思います。

また、助手の言葉、実際は大変で、報告会では指導教官という立場ではなく研究者として対峙してくるので、結果や考察に関して徹底的に議論をしてきます。相当厳しくやられた同期もいたようです。

　研究者として意識を変えなさいというメッセージだと思います。また、実験の結果や考察には、知識や経験の差はあっても上下関係は関係ないということは今の業務でも当てはまる部分があり、現在も意識して仕事をしています。

3.　就職活動と会社のこと

　当時の採用状況は芳しくなく、「受かった企業に行く」という感じでした。B2C（Business to Customer）を扱う企業に行きたかったので今の会社には入れたのはよかったと思います。

　だた、粘着という分野はニッチな分野で、大学の研究は直接的にはまったく役に立ちませんでした。

　大学時代から大学の研究の延長上に企業があるとは思っていませんでしたので、驚きはしませんでした。研究所に11年、工場の生産管理に2年、購買に5年（で出戻り）、新規テーマ・新事業開発に7年いました。技術者として様々な立場、角度から粘着テープを見る機会をもらっています。

　入社から今まで生意気な社員だと思いますが、今まで技術系の職場で働き続けることができたのは、会社が辛抱強く機会を与えてくれているからだと思います。

おわりに

　ちょっと話を戻します。高校の頃は物理と数学が好きで、大学は物性学科に入りました。「超電導が」といいながら、研究室に入ったころから化学色が強くなり、大学院を経て今は粘着テープのメーカーにいます。「高分子」の中でもニッチな領域です。

　ただ、課題も実験も「仮説と検証」であることは変わらず、いかなる場においても論理的に考えることは求められます。解決に向かうプロセスには個性もありますが、実験の結果（物性値）はだれが測定しても同じで個性はありません。学生時代にそういう経験をしていることは大切です。今、取り組んでいる課題や実験に向き合い完遂してください。その中で「何故やるのか、どのようにやるのか」を「自分事」で取り組むことができれば、企業に入り大学の研究とは異なる分野でも大丈夫だと思います。

　また、先程、粘着はニッチな分野で、大学の研究は役に立たなかったと書きましたが、まったく役に立たなかったというわけではありません。計画を立てる時や検証をする時、何年かに一度、大学時代に経験したことや考えたことが活きる場面が出てきます。びっくりしますけど、やっぱり同じ科学でつながっているのだと感じます。

　学んだこと全てが役に立つわけではありませんが、「同じ科学の中で活きている」と緩く考えてみてもいいなとも考えています。

第**3**章

研究開発者の
仕事

| Contents |

成功までのプロセスと
周りに与えた影響

カリフォルニア大学材料物性工学部 教授
（2014 年 ノーベル物理学賞 受賞）
中村　修二

はじめに

　私は、1979年に大学を卒業するまでは、大手家電や半導体メーカーに就職するのが夢でありました。当時の同期の徳島大学電子電気工学部の学生も、みな同じで大手企業に入ることを夢見ていました。私は大手企業1社にすでに内定をもらっていましたが、自分の指導教授に相談すると、「大都会では、ヒラのサラリーマンでは生活できない。田舎でのんびり生活した方が家庭のためによい」と忠告をされ、徳島での就職先を探してもらいました。紹介してもらったのが、当時従業員150名ぐらいの中小企業の化学会社でした。今風でいえば、偶然、田舎のベンチャー企業に入ったのです。

1.　研究開発が好きであった

　最初に就職した会社はとくにこだわりはなく、専門外の化学会社に入社しました。入社すると開発課所属となりました。開発課では、当時、発光ダイオード（LED）に使用する材料の精製技術を開発していました。入社間もなく、自分はLEDに使用する結晶成長の開発を頼まれました。自分は大学時代から、研究開発が好きでしたので、たいへん幸運に思いました。

入社後当初は、論文や特許を読んでいました。そして数か月後になると、毎日体を動かしてのモノづくりが始まりました。その当時、会社には資金がなく、結晶成長に必要な電気炉を発注しようとしても、上司から許可がおりません。電気炉がないと、結晶成長できないので、自作で電気炉を作成しました。それからは、何もかも自作によるモノづくりです。最初の結晶はガリウム燐の結晶成長でありました。燐は火薬の原料です。よく爆発を繰り返し、当時は、自分の人生終わったと思っていたものです。

しかし研究開発は好きなので、研究を続行して、3年ぐらいでガリウム燐結晶の製品化までもって行くことができました。しかし、あまり売れず赤字でした。その後、営業からガリウムヒ素を作ったら売れるという話を持ちかけられ、同様に3年で製品化までもって行きましたが、やはり売れませんでした。次に営業が、赤外と赤色のＬＥＤを作ったら売れるという話をもってきました。これも液相エピタキシャル装置や測定装置を自作で作り、4年で製品化まで行きましたが、やはりあまり売れず赤字でした。このぐらいになると、会社のお偉いさんが、私の顔を見ると、「お前は何考えて、開発を、やってるんだ。わしらが稼いだ金、全部ドブ川に捨てやがって」と怒られたものです。そこで、よくよく考えて見ると、今までやってきた開発商品は、みな大手半導体メーカーが製品化をしており、下請けで受注したものであるから売れるわけがないという結論に至りました。これからは、全部自分で考え、自分の思った通りにすると決心しました。

2. 青色LEDの開発

そこで考えていたのが、青色LEDの開発です。入社してすぐに読んだ論文や特許には、「LEDの最大の問題は、青色LEDがないことである」と書いてありました。そこで、入社以来、上司に『青色LEDの開発をうちで

第3章 研究開発者の仕事

やりませんか』とたびたびもちかけました。返事はいつも「うちに、開発資金あるか？ 半導体デバイス開発の技術あるか？ 頭あるか？ 何もないだろう」。当時、世界中の大手半導体、家電メーカーは、数百億円の資金を使い、博士の学位をもった科学者たちがプロジェクトチームを組み取り組んでいました。そこで、自分は、会社の社長室に行き、創業者に直接談判したのです。『青色LEDの開発をやらしてください』『良いよ、やりなはれ』許可が出てびっくりしました。自分は首を覚悟していたからです。でもこういうふうに社長に直接談判ができることが、小さなベンチャーのよいところです。

　1988年4月から1年間フロリダ大学に行きました。結晶成長装置の操作方法について勉強するためでした。博士課程の学生と一緒に結晶成長装置を組み立てました。彼らに、博士の学位をもってるかと聞かれました。自分は修士課程しか出ていませんでした。次に論文を出したことがあるか聞かれて、これも「ありません」と返事をしました。すると、彼らの私への見方が変わりました。1年後に日本に帰ってきたとき、夢は論文を書いて、博士を取ることになりました。その時は青色LEDができるとは思っていませんでした。

　当時、日本では、論文を5つぐらい書けば、大学に行かなくても博士を取ることができました。青色LEDの材料には当時、2つの材料がありました。セレン化亜鉛と窒化ガリウムの2つです。世界中の研究者はセレン化亜鉛を選んで青色LEDの研究をしていました。窒化ガリウムは、ほんの数グループがやっていました。私は論文が書きやすいと思い、窒化ガリウムを選んだところ、たまたま高輝度青色LEDが3年でできてしまいました。今風でいえば、皆がやってない道を取って、リスクを取ったからできたというわけです。3年という短期間でできたのは、赤外や赤色LEDを10年間かけて、何もないところから手作りで開発した経験が役に立ったからです。過去の努力が報われたのです。

おわりに

　私が開発に成功したのは、やはり、偶然、田舎のベンチャー企業に入り、自由に研究ができたことが大きかったことです。これが大企業に入っていたら、このように、自由な環境で研究できなかったでしょう。しかもお金がなく、結晶成長から測定装置まで、自分で手作りし、全部やってきたことが大事です。これが大手企業ならすでに、そういう装置があるので、装置を使うだけで本当の理解はできないでしょう。

　以前いた会社は1999年になると急成長し、青色LEDで大量に優秀な人を雇うようにりました。以前では考えられないような学歴の人がいっぱい応募してきます。しかし雇う方はその優秀な人材を歯車の一部として雇います。何もないところから全部自分でやっていくためではありません。そういう虚しさが自分の居る場所がないと感じ、1999年末に会社を辞めました。米国に移り、大学教授をやりながら、3つのベンチャーに関わってきました。ベンチャーでは何もないところから数人で、世の中にない製品を開発します。以前の会社に入社した当初と重なり、感無量です。

　いま、私はそろそろ4つ目のベンチャーを考えています。

研究開発テーマの探索
〜テーマ提案、事業戦略との整合性〜

三菱ケミカル株式会社 R&D 変革本部 大阪研究所 所長
宗像　基浩

はじめに

　企業における研究開発の最大の目的は、未来社会を創ることといったら驚かれる方も多いと思います。企業の研究開発が直接的に未来社会に結びついていることを感じることはあまりありませんが、研究開発テーマの完成時期は現在ではなく未来であって、未来の消費者に購入してもらうための商品を創り出すためという視点でテーマが設定されます。つまり、広義の解釈では間違いなく未来を創ることにつながっています。したがって、研究開発テーマの探索や提案の仕方などは、大学の時とは大きく異なります。そこで、本節ではテーマの探索・提案の仕方や企業の事業戦略とそのテーマの整合性をどうとるのかについて説明し、さらにテーマの推進について簡単に述べたいと思います。

1.　大学と企業のテーマの性格の違いについて

　大学のテーマと企業のテーマではその性格に違いがあります。そこで、なぜそうした違いが生まれるのか少し考えてみるために、誰のためにそのテーマを実施しているのかを考えてみましょうさて、大学のテーマは誰のための

研究でしょうか？この質問に様々な答えが考えられると思います。たとえば、化学の分野では新しい触媒反応を探索するためや、反応機構を解明するためといったことがあるでしょう。機械の分野では新しいロボットの制御システムの構築や、機械部品の精密な加工方法を探索するといったテーマもあると思います。つまり、これらのテーマは特定の誰かのためというよりは、幅広く活用してもらうためといえると思います。だから大学の研究テーマは「研究」テーマであって、主に学術的な進歩を目的として実施されます。そして、得られた成果は不特定の方に利用してもらうことになります。

　一方で企業における研究や開発は、未来の市場に対して何らかの価値のあるものを提供することを目的としています。われわれはそのことをよく「Solution」を提供するというのですが、社会にとって役立つ何かを生み出して提供することが、企業における研究および開発テーマの目的となっています。そして、その「Solution」に対して対価をいただいて企業を存続あるいは成長させています。したがって、企業における研究および開発は社会と密接に関わっています。つまり、企業における研究と開発は、今はないけれども未来に役立つSolutionを生み出す行為であって、未来社会と密接に関わっていて、まさに未来社会を構築する仕事といえます。ところで、ここで「研究」と「開発」を分けていることにお気づきの方もいらっしゃると思います。「はじめに」でも述べましたが、企業における「研究」とはSolutionにはすぐには結びつかないけれど、その基本となる技術や機構を生み出す行為であって、「開発」はその技術や機構を使って具体的にSolutionを生み出す行為という違いがあるからです。なお、以下の説明もこれに基づいています。

2. 企業における研究開発テーマ発掘の仕方と事業戦略との整合性

　次に研究開発テーマの発掘の仕方について少し説明したいと思います。発掘と聞くと宝の山でも探すように思われる方もいらっしゃるでしょう。ある意味でそれは正しくて、企業において研究開発テーマを発掘することは、事業つまり収益につながるSolutionを探すことといえます。

　ところで、大学の研究室においてその研究テーマはおよそ以下のように設定されたのではないかと思います。①4回生（４年生）で研究室に配属されたときは、その研究室のテーマの一部を与えられて担当する。②修士のときは最初の研究テーマの継続が多いが、研究室が変わったときは新しくテーマを与えられる。③博士課程では、自らが自分の学術的興味と学会等で注目されているか否かなどを考慮して探索する領域を設定し、その中から研究すべき課題を選定し教授と相談のうえで決定する。ほかには、社会課題の解決（一種のSolutionの提供）という視点で研究テーマが設定されることもあるでしょうし、また企業との共同研究の場合は、まさにSolutionの提供を目的として研究テーマが設定されることもあると思います。

　一方で企業における研究あるいは開発テーマは「基本的に」社会に価値を提供するという目的があり、課題解決のための「Solution」に結びついています。こうした研究および開発テーマ性格から、探索の方法は未来社会をどう観るか（見るか）ということになります。この社会の観方（見方）をマーケティングということがあります。マーケティングは狭義では市場調査という言い方もされますが、筆者は社会全体を見ながらSolution提供の機会を探ること、つまり研究あるいは開発テーマのネタを探ることがマーケティングのひとつの機能と考えています。

　では、具体的な例のひとつを筆者が携わったテーマを基に話を進めたいと思います。筆者は液晶テレビ用のフィルムの原料となるPET樹脂（ポリエチ

レンテレフタレート）の開発テーマに携わりました。2000年にはまだ液晶テレビはほとんど世の中にない状況でしたが、2005年ごろにはブラウン管のテレビと拮抗し、2008年にはブラウン管のテレビを駆逐してしまいました。この変化に対して、フィルムの原料であるPET樹脂の開発を進めて採用されました。でも、この変化を予測して開発を進めたわけではありません。1998年ごろに将来求められると思われるPET樹脂の品質や物性を推定したのが発端で、つまり、世の中の変化を推測しテーマ設定をして研究を開始しました。そして2002年ごろから徐々に必要なフィルム品質がはっきりしてきたのに合わせてPET樹脂の品質や目標を策定し、その目標を達成するためのテーマを設定、推進して実際に製品を提供することができました。

　学生の方には、このように先読みしてテーマを設定するのは大変だろうと感じられた方も多いと思います。そこで、一般的に行われている開発テーマの設定方法をご紹介したいと思います。それは、提供している商品を使ってくれているお客さんに「聴く」ことです。お客さんに使ってくれている商品について不具合がないのかとか、あるいは改善してほしい点はないのかなどを聴いてそれを元に開発テーマを設定する方法です。企業ではそういう仕事を営業の方がすることもありますが、技術者が同行して聴くこともあります。しかし、単に聴いたことを元に開発テーマを設定して開発してもお客さん側の要望に合わないこともあります。その理由としては、たとえばその要望が単なる希望である場合があります。具体的な市場のニーズには基づいていないお客さんの希望を聴いて開発しても買ってもらえないことになります。それ以外にも、タイミングが合わないために買ってもらえないケースもあります。たとえばライバル企業が存在する場合、同時に開発をスタートしたとして、先にゴールに到達したほうの商品が購入されることになります。

さらには、ライバル企業に先に情報が入っていて、そのあとで自社に情報が入って開発をスタートしているというケースもあります。いずれも、開発に成功しても結果的に購入してもらえない可能性が高くなります。そこでこうしたことを防ぐためには、（1）頻度よく会話すること、（2）周辺技術や特許、また市場情報をしっかりと調査しておくこと、（3）その商品がどのように使われているのか可能な限り具体的に知っておくこと、（4）ライバルはどのように開発しているのか推測しておくこと、などが大切です。企業における技術者は、その商品（Solution）を適切に提供して使ってもらうためには、こうしたことも知っておくことが必要です。なお、お客さんの改善要望を聴きながら開発するような仕事をテクニカルサービスということもあります。お客さんの要望を聴いて開発することから収益に直結します。したがって、企業にとってはとても大切な仕事のひとつですし、自分の開発した商品を世の中に提供するという観点でも、技術者にとっても花形の仕事のひとつといっていいかもしれません。

　ところで、お客さんからの情報に基づいてテーマ設定しても、その改善に時間がかかるケースや基本に戻って開発をする必要があるケースが出てきます。こうした場合、企業では「開発テーマ」ではなく「研究テーマ」とすることがあります。たとえば、ある材料の開発を行うのにこれまでの研究成果の組み合わせでは対応できないので、その材料の基礎検討を基礎技術研究所のような場所で、基本原理から研究を進めるような場合です。

　これら以外の方法として社会の変化を念頭に置きながらテーマ設定することもあります。たとえば、情報化社会の進展を例にあげると、その進化によって5年後、10年後にはどのような機能が必要になるのかということを考えて、その機能を満足させるような材料の研究および開発を実施するようなケースです。たとえば、通信時に使用する周波数は高いほうが通信の遅延

などは少ないのですが、その場合には基板に使用している材料の特性によって電気的損失が大きくなるので、必要とされると想定される低誘電材料を先に開発するといったことです。実際にこのような検討は多くの化学企業で手掛けられています。たとえばノーベル賞が授与されたリチウムイオン二次電池の開発も未来のニーズを想定し、それを化学（＋科学）で解決するためにはどうすればいいのかという仮説を立てたことが、その研究のスタートになっています。ただし、こうしたテーマの成功確率はそれほど高くありません。ノーベル賞を受賞された吉野さんも4つ目の研究テーマがこのリチウムイオン二次電池だったそうです[1]。

　しかし、少し先の未来を想定してその未来を構築することで世の中に役立つという意識をもって研究を進めることは、その開発が成功したしたときのインパクトも大きいので、もしチャンスがあれば何としてもやり遂げるという強い意志を持って進めることが重要だと思います。

　ところで、どんな研究テーマをしてもいいのかという疑問もわいてくると思います。企業によって若干の違いはありますが、それぞれの企業には基本的な方針というのがあります。企業が抱えている事業をどういう方針で運営するかといったことです。したがって、その事業の方針に従っているかどうかという視点でそれぞれのテーマを実施するかどうかが判断されます。また、企業のビジョンに合致しているかどうかも問われます。たとえば、三菱ケミカルグループではKAITEKIの実現をビジョンに掲げています。このKAITEKIとは「人、社会、そして地球の心地よさがずっと続いていくこと」を表していますが、これを実現するために大きく分けて、以下の分野での社会課題に取り組むとしています。

①GHG低減 ②食糧・水供給 ③人快適化 ④デジタル社会基盤 ⑤炭素循環

　したがって、個々の研究あるいは開発テーマはこれらに合致するもので

あることが求められます。化学製品は地球上のありとあらゆるところで使われていますので、ほとんどの場合で合致しますが、たとえばあまりにもエネルギーを消費するような化学製品はデジタル社会基盤を支えるために必要だからという理由での開発はしないということになります。つまり、これは企業がめざしているビジョンを実現するために、それぞれのテーマは企業のめざしている方向性との整合性をとらなければならないということです。

3. テーマ提案の仕方

　ここでは、何かやりたいテーマが見つかったときにどうやって提案するのかを簡単に述べたいと思います。まず、10％カルチャーの中で提案して実施するという方法があります。これは就業時間の10％を自由に使っていいという制度です。その中で「研究」・「開発」を実行することができます。この場合はかなり自由に実施することもできますが、実験に使ってもいい予算はそれほど多くないことが一般的です。一般的な方法としては、テーマ提案会で提案して研究所でテーマを認めてもらって実施する方法です。めざすべき目標があって、その目標を達成するとどのような事業に結びつくのかを説明し、その目標を達成するための研究開発テーマを提案する制度です。説明資料の作成などに少し手間がかかりますが、会社として公式に認められた研究開発テーマとなれば相応の予算もつけてもらえますので、しっかりと実験を行うこともできます。一方で、所定の期限内に目標のレベルに達しないと判断されると、その時点で打ち切りということもあります。ほかには、事業部門と一体となってテーマを設定する方法があります。この場合は提案というよりも、先に述べた顧客起点でのテーマ設定の方法に従って、何をするとSolutionを提供できるのかを明確化し、その何をするとよいのかを研究開発テーマとして、きっちりとスケジュールを決めて実行する方法です。

この場合は、いつ商品が完成して事業になるのかも明確ですので、事業部門の予算で実施することになります。さらには、同様のケースで研究所として大きなテーマを設定することがあります。この場合は、すぐには事業にならないのだけれども会社の将来のためには実施しておいたほうがよいという判断のもと、共通的な予算を使ってテーマを設定し、研究所としてそのテーマを実施します。

4. テーマ推進の仕方

　ここで、少しですが企業における研究および開発テーマの推進について述べたいと思います。大学の研究もチームで推進することはあると思いますが、企業ではその傾向はより強くなります。また、実験を補助してくださったり、パイロットプラントを運転してくださったりするオペレーターの方と一緒に研究テーマや開発テーマを推進することもあります。筆者も入社後のかなり早いタイミングから実験を補助してくださる方にお願いして様々な実験を行いました。また、研究テーマは探索段階→研究段階→開発段階→商品化段階→事業化のようなステージを経て商品化されてお客さんの手元に届くわけですが、ステージが上がるにつれて1人では推進できなくなることが一般的です。特に化学企業においては、その商品は「プラント」で生産できることが必須となります。プラントでの生産を1人ですることはできないので、生産に関わる方々の協力が必要となります。また、品質保証やデリバリーといった方々の協力も欠かせません。こうしたことから、企業における研究および開発を適切に推進するためには仲間意識というのが本当に大切になります。その意識は単なるなれ合いではなくて、お互いにプロ意識をもってお客さんに価値のあるものを安全に、適切に、かつ迅速に提供することを目的として、是々非々の議論ができる、そういう意識が大切です。

5. 知っておいてほしい事

　最後に皆さんに知っておいてほしいことをまとめて、当方の節を終わりにしたいと思います。最初の項で述べましたが、研究開発は未来社会を創ることに直結しています。ただし、探索や推進の方法には残念ながら正解はありません。成功した方々は、みなさん本当に苦労して研究や開発を推進して実現されました。でも、明るい未来社会を想像して、その未来社会に役立つものを考えて創り出せたら、そんなに素晴らしい仕事はないと思います。これを読んでくださった皆さんにはその可能性が大いにあります。だから自分自身がワクワクするようなテーマを見つけて、それを実現するために前を向いてチャレンジしてほしいと思います。

参考文献

1）吉野　彰、電池が起こすエネルギー革命、NHK出版（2017）

COLUMN コラム④ 研究開発と特許

　企業では、研究開発した成果（発明）を特許として権利化し保護します。特許として登録されるためには、産業上の利用ができること、新規性、そして、容易に考えることができないという進歩性が求められ、また、これまでに同様な特許出願がないことが基本的な条件となります。一方、特許出願することでその技術内容が公開されるために、ノウハウとして秘匿する戦略もとられています。研究開発者が業務の中で行った発明は職務発明とよばれ、また、特許を受ける権利等を使用者(企業)に承継します。そのため、企業には発明報奨制度があり、発明者に対して出願や特許が権利化された際に報奨金が支払われます。企業は、研究開発者に対して給与、設備、研究費を提供し発明に一定の貢献をしているといえますが、発明した技術による製品や事業の売上げに多大な貢献を果たした場合には、研究者は「相当の利益」を受ける権利があります。製品や事業が成功するには、生産や営業など様々な要素が含まれるために、一般に発明者の寄与率は1%〜10%といわれています。青色LEDの発明では、発明者と企業が対価をめぐり争いとなり訴訟に発展しましたが、最終的には和解が成立し、発明者に約6億円の発明対価が支払われたと報じられています。

クローズド型と
オープン型研究

三菱ケミカル株式会社 R&D 変革本部 大阪研究所 所長
宗像　基浩

はじめに

　学生の方々には、クローズド型とオープン型研究と聞いてもピンとこない方も多いのではないかと思います。企業における研究は、研究を進めるときに自社ですべて完結させるクローズド型と、他社や大学、あるいは研究機関と連携しながら研究を進めるオープン型の研究に分けられます。前者は社内研究と言ったり、後者は産学連携や他社との協業と言ったりします。そこで、本節ではそれらの研究をどのように実施しているのかについて、簡単に述べたいと思います。

1.　オープン型の研究開発を実施するケース

　最初に企業における研究開発の進め方について簡単に述べたいと思います。前節でも流れを述べていますが、多くのテーマは探索、研究、開発、商品化、事業化と進みます。もちろん、途中で中断するテーマもありますが、このように研究テーマを推進するとき、自社ではすべてをまかなうことができない場合に、外部機関（他社を含む）との連携によるオープン型の研究を行うことがあります。ところで、化学産業は装置産業といわれ、生産設備は

自社で持つことが一般的で商品化や事業化については自社で進めることが多いです。したがって、外部との連携は研究から開発の段階で比較的多くみられます。この本を読んでおられる学生の方にも企業との共同研究テーマを担当されている方もいらっしゃると思います。この場合は企業では手が出しにくい基礎検討について、期限を決めて検討を進めるようなことが多いと思います。そして、その研究で得られた成果は契約に基づいて企業側が利用したり、あるいは大学と企業で共有して利用したりするといったことがみられます。企業側は、その成果を用いて具体的な商品の設計を行い、開発、商品化と研究開発を進めていくことになります。それでは、以下のパラグラフで具体的なオープン型の研究開発について簡単にご説明します。

2. オープン型研究の具体的な進め方①　他社との協業について

　1つめのケースは他社との協業を行うケースです。全く同じ材料の研究開発をしているケースでの協業は難しいのですが、たとえば大きなプロジェクトでその開発費が莫大にかかるようなケースではコンソーシアムのような仕組みを組んで（国が主導することもあります）、そこに複数の様々な企業が参画して、それぞれの得意分野で研究開発を進めるようなこともあります。この場合は一つの目的を達成するために、全体を統括するプロジェクトリーダーの下でそれぞれの役割分担を明確にし、その役割分担に応じて開発スケジュールを立てて、それを実行することになります。そして、でき上がった成果を組み合わせると一つの目的が達成できる、そんな仕組みです。なお、目的を達成するためには、それぞれの企業間の連携をどれほどしっかりとれるかがポイントとなります。

　また、このような大きな仕組みではなく2社間で協業を行うケースはよくみられます。たとえば、材料を製造する会社とその材料を成形加工する会社

が協業して、その成形加工した製品をユーザーに提供するようなケースです。これはサプライチェーンの上流の会社と下流の会社が組むパターンで、化学メーカーでは一般的に行われます。

　さらには、お互いの部材を提供しあって一つの商品を作り上げるようなケースもあります。こうした場合には合弁会社を設立して対応するケースもあります。この場合、その商品の研究開発、商品化、事業化をすべてこの合弁会社で実施します。

　そのほかに最近増えている他社との協業の例としてベンチャー企業との連携をあげておきたいと思います。技術系のベンチャー企業と連携する場合は、その企業が保有している技術を活かして、自社の商品開発を加速させることが大きな目的の一つとなりますが、その連携の仕方は大きく分けて二つに分けられます。一つは技術提携であり、もう一つは企業買収です。前者の技術提携の場合は、ベンチャー企業側が様々な企業との連携を通して、自社の事業を大きくしたいと考えている場合によくみられます。たとえば、ある独特な加工技術を開発したベンチャー企業であれば、その加工技術が様々な材料に応用できる可能性があるのであれば、その技術を活かして複数の企業と提携して自社の事業を大きくすることが可能となります。一方で技術は多くの興味をひくものの、ベンチャー企業の規模ではどうしても事業を発展させることができないようなケースもあります。そうした場合は、その独自技術を活かして研究開発および商品化を加速したい企業としばらくの間、連携した後に買収という形で当該企業の中でその技術を徹底的に活用し、事業化を加速するというケースもあります。

3. オープン型研究の具体的な進め方②　産学連携について

　2つめのケースは大学との協業を行うケースです。この本を読んでおられる方にはこちらのケースに馴染みがあると思います。この場合、サプライチェーンの上流や下流といった概念ではなく、主に研究開発を進めるうえで必要な基本的なコンセプト検証などを大学に期待するケースが多いです。たとえば、最近であればSDGsに関する研究開発は企業でも盛んに行われていますが、この時に基本的な材料の研究を大学に委託するようなことは一般的に行われています。一例として、木質バイオ材料をとり上げたいのですが、こうした材料の研究というのは通常は企業ではとり上げられにくい、つまり企業では実施しにくい研究です。しかし、大学では地域の特性を活かして、その地域にある木質バイオ材料の利用可能性を検討されているケースがあります。その研究の成果を地域の企業と一体となって、商品化あるいは事業化するようなケースはよくみられる産学連携の一つの例だと思います。さらには、その材料が大きく展開できるようなケースでは、比較的大手の企業がその大学の研究の成果を活かして工業的に製品化するような研究開発を行うケースもみられます。また、このようなSDGs関係の研究開発においては、産学の連携を「官」が主導することもよくみられます。たとえば、県が大学の成果を企業に売り込んで一体となって商品化、事業化を進めるケースです。こうしたケースを産官学連携といったりします。

　その他にも大学に研究の一部を委託して実施してもらうこともあります。たとえば、非常に複雑な分析技術の開発といったケースです。企業でも分析装置はありますが、その分析装置は企業における研究開発のためや、商品の品質を調べたりするために使われるため、分析技術の開発のために分析装置を使うのは一般的ではありません。また、たとえ複雑な分析技術が必要であったとしても、長時間その技術開発のために分析装置を占有することは

難しいです。このような場合、同様の分析装置をもつ大学にそのような複雑な分析手法の開発を委託するということがあります。この場合、研究テーマとして学生の皆さんにそのようなテーマが与えられることもあると思います。あるいは、企業が自社の研究者を大学に派遣して、大学のスタッフの皆さんと一緒に研究を進めるというケースもあると思います。皆さんの研究室にもそのような方がいらっしゃれば、どういう意図やミッションを達成するために大学に来られたのか、聞いてみるとよいと思います。そうすると、企業と大学との連携の在り方がより深く理解できると思います。

4. クローズド研究の進め方

さて、最後に企業におけるクローズド研究の進め方について触れておきたいと思います。企業の研究開発ではクローズド研究だからといって、研究開発を一人の担当者がすべて実施するわけではありません。また、一つの部署で研究や開発が進むわけではありません。その大きな理由の一つにスケールアップがあります。学生の方には耳慣れない言葉かもしれませんが、スケールアップは企業の研究開発において、特に材料系のメーカーや成形加工系のメーカーで重要です。その理由は、以下の通りです。たとえば素晴らしい研究がなされて、新しく100gの木質バイオ系プラスチック材料ができたとします。でも、これでは社会に提供できないですね。一般的に使用してもらうためには数万トン〜数百万トンの製品を必要とします。とすると、この100gを得られた検討を元に、数万トン単位で生産するためにはどうするかを検討する必要があります。これがスケールアップです。数万トン単位だと、実験室ではできないですね。また、100gから数万トンにいきなりスケールアップができるわけではありません。たとえば、プラスチックを合成する反応には必ず副反応が伴いますし、また、スケールが大きくなれば

なるほど反応場の均一性を保つことが難しくなります。また、安全にそのプラスチックを生産できるのか、またそのプラスチックが本当に安全なのかといったことも確認せねばなりません。ほかにも、社会に届けるためには、従来の物流システムでちゃんと対応できるのかなども考える必要があります。

少し、話が横道にそれましたが、スケールアップを考えるためには、クローズド研究といっても専門の部署の方との連携が欠かせません。材料系のメーカーであれば、開発の目途が立つタイミングでは、スケールアップを意識した検討をどのようにして進めるのかを考えておく必要があります。そのために、パイロットプラントでの検討を行ったり、本格生産のできる設備での試作を行ったりすることもありますが、研究者一人でこのような検討はできないので、社内でしっかりと連携をすることが重要です。これもある意味ではオープン型といえるかもしれないですね。

研究から事業へ

Office EAGLE NEST（元 富士フイルム株式会社）

鷲巣　信太郎

はじめに

　企業は何のために研究開発をするのでしょうか。それを理解するためには、企業の目的から考えなくてはなりません。「頑張ってたくさん儲けるため？」でしょうか。「頑張って多くの方に喜んでもらうため？」でしょうか。

　著名な経営学者であったピーター・ドラッカーによれば、「企業の目的は、顧客を創造する（Create a Customer）ことである」と定義しています。すなわち、企業は「世の中に役に立つことで幸せな人（＝顧客）を増やしていくために存在している」のです[1]。

　企業が生み出す新製品・新事業は、人々に新たな価値を提供することを目的として実現されます。この持続的な企業活動を保証するひとつの重要な手段として、研究開発は位置づけられます。

1.　大学の研究と企業の研究との関係性

　まず、大学での研究はどのような目的で進められているかを整理してみましょう。一般に、大学の社会的な価値をシンプルに表現すれば、「教育・研究機能にある」と定義することができます。したがって、大学での研究

の主な目的としては、次の3点をあげることができます。

第1に、専門分野の技術者・研究者を育成し、社会に貢献できる人材を世の中に送り出すこと。

第2に、未知の課題を探究し、技術を深く掘り下げるなどの研究で、新たな知見や事実を見出す。その成果をまとめて学会発表や論文等で広く発信し、相互評価し、体系化すること。

第3に、独自に、もしくは、外部機関（国研、企業など）との連携により、"ものづくり"、"価値づくり"に資する先進的な研究を推進し、世の中の進歩に貢献すること。

大学での研究は、どうしても限られた専門分野やリソース（ヒト、モノ、カネ）、時間、研究インフラなど一定の制約があります。このため、大学が担うべき研究のあり方としては、上記3つの目的のうち、相対的には、第1 ＝ 第2 ≧ 第3の配分で役割機能を発揮することになります。学術的な知識や経験の積み重ねと応用による研究活動で科学技術の着実な進展に寄与すること、これこそが大学の研究に期待されているといえます。

第3の目的として取り上げた"ものづくり"、"価値づくり"の具現化は、技術開発から製品化〜事業化までを一貫して遂行することを意味しており、このプロセスは非常に長い道のりと多くのリソースが必要となります。したがって、大学で得られた有用な研究成果の多くは、実用化をめざす企業の研究開発へと発展的に橋渡しされます。大学と企業における研究の関係性は、これが効率的で現実的な機能分担のスタイルとなっています。

2. 新事業創出のプロセス

そこで、企業での研究開発者の仕事をイメージするために、ここでは新製品、新事業開発はどのようなプロセスで進められるか、どのような難しさがあるかを整理してみましょう。

2.1 新事業創出に向けた4つのステージ

　企業が新事業を創出していくプロセスとしては、4つのステージに分けることができます（図1）。これは、出川通氏が著書「MOT 基本と実践がよ〜くわかる本」の中で技術経営の考え方として提唱しました[2)]。技術シーズの探索研究から製品開発、事業化などの各ステージへ移行する際に立ちはだかる困難さと課題を整理したもので、企業の新事業創出プロセスにおける技術経営（MOT：Management of Technology）のあり方がわかりやすく解説されています。

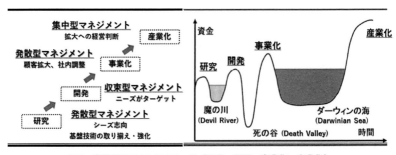

図1　事業創出の4つのステージ（研究→開発→事業化→産業化）

　4つのステージを川上から時系列的に記載すると、「研究」→「開発」→「事業化」→「産業化」となります。さらに、これらのステージを乗り越えるにはその間に存在する障壁があり、順に研究と開発の間の障壁として「魔の川」、開発と事業化の間の障壁として「死の谷」、事業化と産業化の間の障壁として「ダーウィンの海」が阻んでいるという関係で示されます。各ステージにおいて研究者の担うべき仕事は、それぞれ多岐にわたっています。

2.2 各ステージの位置づけと研究者の仕事

① **「研究」ステージ**：研究者の仕事は、多くの技術シーズを探索・獲得・
　強化し市場ニーズと結びつけることです。すなわち、具体的なターゲッ

ト製品を構想することが重要な役割であり、できなければ「開発ステージ」に進めず、「魔の川（Devil River）」に落ち込みます。

② **「開発」ステージ**：研究者の仕事は、手持ちの技術やアセット（強みとなる資産）を組み合わせて製品として仕上げることです。そして、適切な経営資源を配分して製造・販売して売上にまでつなげられなければ「死の谷（Death Valley）」に落ち込み、「事業化」ステージには至りません。このプロセスでの必要性に応じて、生産技術・製造・営業など社内各部門との協力・協働関係構築も研究開発の仕事です。

③ **「事業化」（商品化）ステージ**：これを成功させるためには、競争優位性を構築し、多くのライバル企業と生き残り競争に勝つことが必要であり、この戦略作りも研究者の重要な仕事となります。これが実現できなければ「産業化」ステージには到達できず、「ダーウィンの海（Darwinian Sea）」に没することになります。

④ **「産業化」ステージ**：この段階に入ると、研究者の仕事からは多少離れて事業拡大に向けた設備、人員、開発投資などの経営判断が主体となります。

　ゼロから価値を生み出すイノベーションを実現する新事業創出の成功確率が「千三つ」といわれる所以は、このプロセスの困難さに表現されています。各々のステージへと順次辿り着くためには、これを阻む様々な障壁を乗り越えて成功への確度をあげていかなくてはなりません。これを実際に現場で主体的に遂行し、新事業を創出していく仕事が企業における研究者の仕事です。

2.3　新事業と既存事業との対比

　前項で述べた新製品・新事業開発のプロセスは、図2に示すアンゾフの成長マトリックス中に領域分類される各テーマ、具体的には、①既存事業内で

の改良、②既存事業から新技術領域への浸み出し、③既存事業から新規市場領域への浸み出し、④既存事業から新規技術・新規市場領域への浸み出しなどにおいても基本的にはほぼ共通の進め方となります[3]。新事業創出に向けた研究開発テーマの特性を示す領域分類は様々ですが、研究から開発、事業化、産業化までのステージごとのアプローチは、順次、同じステップと検討内容で進められます。

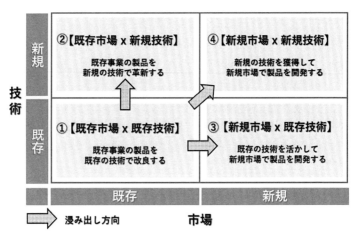

図2　既存事業から周辺領域への浸み出し研究（アンゾフの成長マトリックス）

3.　研究者の仕事の範囲

　企業研究者は仕事の範囲をどこまでカバーできればよいでしょうか。もちろん、基礎研究から応用研究、製品化、事業化まで何でもこなせるオールマイティー研究者をめざすことは大切な姿勢です。しかし、企業での仕事は、そのかなりの部分において一人だけではできません。

　新事業開発のステージ初期（研究段階）においては、テーマ探索から課題設定、技術シーズ開発、事業戦略策定、知財戦略策定、基本サンプル作成、

マーケティングに至るまで、研究者は「一人何役」もこなさなくてはならない場合があります。これはある意味では貴重な経験です。

　しかし、プロジェクトが企業内で正式にオーソライズされ開発段階以降のステージへと進むにつれて、様々な部門との関わりや、場合によっては社外組織との分担、協力・協働が必要となります。したがって、「企業研究者の仕事」を一義的に定義してしまうのはあまり意味のあることではなく、「必要であれば何でも習得する、実現する、分担する、協働する」というスタンスが好ましいのかもしれません。

4.　企業研究者としてのありたい姿とは

　よりよいものを作って世の中に届け、企業を成長させることは企業研究者の大切な仕事です。そのためには、日常の仕事を通じて高く評価されることや幸福と感じられることも、ある意味では理想的なありたい姿といえるでしょう。そのような生き方を実現するためにめざすべき仕事上でのスキル、能力はどのようなものでしょうか。

4.1　専門技術力を磨く

　特定の専門技術力を常に深耕する努力を続けてその分野のエキスパートをめざすこと、これは研究者として頭角をあらわすためには必須の能力です。本田宗一郎氏の書籍タイトルにある"得手に帆挙げて"[4]という生き方・考え方にも通じます。市場ニーズを「技術に翻訳する力」、いわゆる「課題を解決する力」として発揮するために研究者の専門技術力は重要な武器となります。

4.2　マーケッティング力をつける

　マーケティングにおける最も重要な目的は、マーケットクリエーション（＝顧客候補の発掘）にあります。したがって、市場の課題やニーズを洗い

出し、何を解決できれば提供価値を高めることができるかを明確にする、これによって製品開発〜事業化のテーマ設定が可能となります[3]。

4.3　企業研究者は二刀流を目指せ

「π型技術者」が企業研究者の"ありたい姿"として表現されることがあります。これは幅広い一般知識とともに、研究者として特に強みとなる分野を少なくとも2つ以上もつことを理想とするものです。これに対する企業研究者への具体的提言として、専門技術力とマーケティング力の2つを武器に二刀流をめざすこと、これこそを目標として一流の企業研究者〜ビジネスパーソンへと成長していくことが期待されます。

参考文献

1）山下淳一郎、日本にきたドラッカー　初来日編、同友館（2016）
2）出川通、MOT　基本と実践がよ〜くわかる本、第2章、秀和システム（2009）
3）鷲巣信太郎、次世代イノベーター論と研究開発型企業のイノベーション戦略2019、
　　(株)AndTech、第1章 第1節（2019）
4）本田宗一郎、得手に帆挙げて、光文社（2014）

第**4**章

ワーク・ライフ・
バランス

ワーク・ライフ・バランス

株式会社ライフバランスマネジメント研究所 代表

渡部　卓

はじめに

　ワーク・ライフ・バランスとは「人々が仕事と仕事以外の生活との調和を
とり、その両方を充実させる働き方、生き方を実現して幸福感を向上させて
いくこと」と表現できるかもしれません。近年、ワーク・ライフ・バランス
は心身の健康を維持し幸福感を向上するうえでの最重要ポイントになってい
ます。また企業経営においても重要テーマとしての位置づけがなされつつあ
ります。

　仕事と私生活のバランスが充実することはキャリア・マネジメントにおい
ても好循環が生まれます。欧米では1980年代からワーク・ライフ・バラン
スが重視されており、欧米のビジネススクール（経営大学院）では「ワー
ク・ライフ・バランス」に関連した「キャリア・マネジメント」の講義は
20年も前からカリキュラムに組まれています。現在でもハーバード大での
アーサー・ブルックス教授の講義は最も人気のある科目の一つです。

　残念ながら日本の大学や企業の研修ではそのような講座はなかなか見出せ
ません。そのためにも個人レベルで若い世代のうちから意識して勉強する必
要があります。以前にはワーク・ライフ・バランスの概念はワークとライフ

（私生活）をオンとオフで切り離し、その時間での多寡のバランスが議論されていました。企業でもライフをサポートする子育て支援や介護支援の制度的導入、あるいは残業などの過重労働の是正が対策の中心でした。ただ、今でもその理解でとどまっている人は人事や労務の専門家でも少なくありませんので注意が必要です。

　近年コロナ禍で多くの人々が在宅勤務やリモートワーク、ワーケーションなどを経験し、自宅やリモートの環境の中で仕事をするという特異な経験をしました。このことから従来のワークとライフ（私生活）の場を切り離しそのうえでの時間のバランスを考える従来の概念が変化し、広がりをみせ、あくまで「ワークは生活の中での活動の一部でもあること」が意識されるようになったのです。

　そのことからワーク・ライフ・バランスという言葉も、ワーク・イン・ライフや、ワーク・ライフ・インテグレーションという言葉に置き換えられつつあります。さらに近年ではダイバーシティ＆インクルージョンの概念が組み合わされながら「人生の各段階に応じて多様なキャリアや生き方の選択が実現できる」社会が重要視されています。直近ではＳＤＧｓ、人生100年時代での定年後の人生設計の重視からワークとライフにさらにソーシャル（社会的なつながり）を加え「ワーク・ライフ・ソーシャルバランス」という概念が広がりつつあります。ただし本稿ではワーク・ライフ・バランスという単語で統一して表現し、それらの最新の動向も含めながら解説をしていきます。

1.　ワーク・ライフ・バランスの実現と生産性の向上

　私はビジネスコーチとして「生産性を上げ、ワーク・ライフ・バランスを実現し、キャリアマネジメントにつなげたい」との願望がクライアントに多いことを経験しています。このような課題を扱うケースでは次のヒントを示

しながらクライアントにコーチングを行っています。最初のステップは抱えている現状での山のような多くの仕事、課題に関して「重要なこと」、重要とはいえないが「急ぐべきこと」、「捨て去る、忘れ去るべき事」の3種類があることを意識することから始まります。ワーク・ライフ・バランスにつながる仕事の生産性をあげていく第一歩として、この3種類の仕事にそれぞれの優先順位をつけることが最初に必要です。具体的には、まず毎日の終業直前の5分間にスマホを使い自己評価をメモに残してみましょう。このリストは日々入れ替わっても気にしないでください。これを実行しても現実にはワークの効率化が思うように進まなくても最初はよいのです。ただその評価するプロセスにご自身の成長を感じ、無力感と無理な頑張りから解放される効果もよく見られるからです。

　「重要なこと」「急ぐべきこと」「捨て去る、忘れ去るべき事」の3種類を区分するワークで一番苦労するのは「捨て去る、忘れ去るべきこと」を決めることかもしれません。たとえば「必要ないのに残業をしてしまう」などが筆頭です。だれもが必要のない仕事、自分がやるべきではない仕事を抱えているものです。それらの「捨て去る、忘れ去るべき」仕事を人に頼んだり、納期ならそれを取引先に交渉したり、また作業自体の中断を決意するような、一歩前に出る思い切りも重要です。それらのリストを上司との週一度のワンオンワンミーティングで思い切って出したら、それが受け入れられたケースがあります。そして本人もグループの業務の生産性、そして上司との信頼関係も増したとのコーチングでの報告があります。

　このように「重要なこと」、重要とはいえないが「急ぐべきこと」、「捨て去る、忘れ去るべき事」をリスト化して優先順位にしたがって新人の時代から行動すれば、手遅れにならずによりよいワーク・ライフ・バランスへの糸口である生産性向上へのヒントがキャリアの若い段階で見つけ出せるのです。

2. ワーク・ライフ・バランスと心身の健康

　コロナ禍でのワークとライフでのストレスが増え、またワーク・ライフ・バランスがうまくいかないことから、メンタル不全に陥った日本人が増えつつある懸念があります。ワーク・ライフ・バランスの維持と心身の健康維持との関連性はしっかり学んでおくことが必要です。ではそのようなメンタル不全への入り口である気分の落ち込みに気づいたらどのようなことに注意が必要でしょうか。

　数週間におよび気分が落ち込む、日常の物事への関心や興味が薄れる、睡眠の質が悪化する、疲労感が抜けない、どこかに逃げ出したい、などの状態になったら専門のクリニックに早めに行くことが必要に思います。学生であれば学校の相談室や保健センターに行くことが重要です。

　ただそれほどの心身の不調が無い時や軽いモチベーションの低下であれば、「楽器をひく」「外でジョギングする」「コーヒーを豆から挽いて飲む」「好きな香りを嗅ぐ」といったことが自分のペースを取り戻すスイッチとなるかもしれません。ただ現実にはうつの気分をリセットして「さぁ、なにかやろう」という気持ちになり、実際動くのは大変なエネルギーが要ります。それだけに「そんなときの動き方（行動）へのスイッチを前もって決めておく」ことは有効であり重要なヒントになります。つまり余計なことを考え始める前に、身体が自然に動くように習慣づけることができるからです。これは臨床心理学では行動療法という学術的にもエビデンスが示されている処方ですので安心してもよいでしょう。

3. 半分で良い

　私はコーチングの経験の中でワーク・ライフ・バランスが実現できない人の特徴に、頑張りすぎてしまうことがマイナスに作用しているケースを見て

きました。ワークとライフでは「半分で良い」との意識も役に立つことが多くあります。ただし、この「半分で良い」とのフレーズにおいて半分とは量のことではありません。コップに入った半分の水をイメージすると中途半端なイメージをもちます。ただその水を小さめのコップに入れ替えると基準が変わりますので心の中での評価やイメージは改善します。「量と質を合わせて評価を加えての半分」と考えると、自分の仕事と 冷静に向き合うことができます。それが健康を維持するためのワーク・ライフ・バランスのヒントになります。いったん半分の段階で立ち止まれれば、キャリアでのプランでも修正やいったん立ち止まる、保留するなどの判断につながります。

　頑張りすぎる人は半分を良しとせず、やみくもに仕事も「一人で」完璧に最後までやろうとしがちです。一人でやろうとすれば、仕事量は増え、自分の可能性を自ら押し潰している状態になっている懸念もあります。私は産業カウンセラーとして多くの技術系や研究職の優秀な社員たちのうつ病でのカウンセリングを担当してきました。「半分でいったん見直す、評価する」「人に頼む」ということを、ワーク・ライフ・バランスの見地で見直すことを習慣にしてみましょう。「人に頼んでみる」ことは人と人がつながるきっかけを作っていくことができ、キャリアマネジメントの向上にもつながります。コロナ禍を経て、オンラインで人とつながる時代だからこそ、人との絆はより重要になっているといえます。新しい仕事への抜擢も、人とのつながりから得られるものです。

　ワーク・ライフ・バランスがなかなか日本で浸透しない背景に、休息の仕方が浸透していない、つまり長期休暇の過ごし方が充実していなとの指摘もあります。日本でワーク・ライフ・バランスを実現していくための休暇の過ごし方でどのようなことに注意を向ける必要があるでしょうか。

私は先進国の長期休暇とワーク・ライフ・バランスのヒアリング調査を現地で実施したことがあります。その中でドイツ人の社員たちは年間で200日しか働かないのに驚きました。ドイツでは警察署の署長が40日の休暇をとり日本に剣道を学びに来ています。日本の警察官なら１週間も休むのは厳しいかもしれません。そんなことがどうやって可能かと質問すると、休暇中は副署長が任務を代行するそうです。デンマークでは夏には1か月の休暇でキャンプやトレイルランの計画があることをうれしそうに話してくれた公務員がいました。そのほか長期休暇で日本の森林浴セラピーを学びたいという大学教員もいました。私の周囲の日本の大学教員だと1か月の連続休暇をとった話もほとんど聞きません。しかし学術的な発信や貢献では欧米、近年では中国にも大きく後塵を拝しています。ワーク・ライフ・バランスが高いレベルで実現している社会、長期休暇が可能な企業、公共団体では、構成員たちの生産性も相関して高いことが色々な調査結果により示されています。

4.　4つのR

　ワーク・ライフ・バランスにつながる長期休暇の有効な過ごし方へ改善する方法として、同時にストレスの予防や緩和に役立つセルフケアの方法の1つとして「4つのR」の概念があります。

　この4つのRとは「リラクゼーション(Relaxation)」「レスト(Rest)」「レクリエーション(Recreation)」「リトリート(Retreat)」の頭文字をとったものです。

（1）リラクゼーション(Relaxation)

　　　　自律神経をしっかり休め、心と体のバランスを整えること:
　　　　　　腹式呼吸、アロマセラピー、瞑想など

（2）レスト（Rest）

　　体をしっかり休めること：睡眠、マッサージなど

（3）レクリエーション（Recreation）

　　遊ぶ、楽しむ、笑うなど心身をリフレッシュすること：

　　　　スポーツ、釣り、キャンプ、映画、カラオケなど

（4）リトリート（Retreat）

　　非日常に身を置き、じっくりと静養すること：

　　　　旅行、リゾート保養、森林浴など

　この４つのRについて、具体的な方法として過去数年を振り返り、それぞれのRの項目でどんなことが実行できたメモに書き出してレビューしてみましょう。ワーク・ライフ・バランスが実現しない人たちはこの４つのRのリストを書き出せない傾向があります。特に「リトリート」の実行が難しいのが現実です。リトリートでは長期休暇や夏休みを活用して温泉や森林セラピーができるリゾート地でゆっくり過ごすことができれば理想です。できれば自宅から100km以上離れた場所へ出かけて、保養地で非日常に身を置けるといいでしょう。

　４つのRをバランスよく実現している欧米のビジネスパーソンたちに視察でインタビューしたことがあります。すると彼らの仕事のやり方がとてもシンプルで「スピード重視で、違っていたら修正して改善していけばいい」という考えと態度が特徴で発見がありました。日本企業の場合は決めるのに時間がかかりますし、決めるとそれを修正することをよしとしない傾向があります。また慣習や手順といったルールに沿って厳格に進めようとするあまり、仕事が複雑化して、時間的な余裕もなくなっているのではないでしょうか。こうした日頃の仕事のやり方をシンプルに変えて効率化することも、

ワーク・ライフ・バランスにつながる長期休暇を長くとるヒントになります。このことはぜひ企業のマネジメントにも理解とサポートをお願いしたいと思います。

おわりに

　私は日本と中国の大学の理工学部で教えていましたので多くの理工系の人たちからキャリア・マネジメントにからむ相談を受けてきました。「勤務先は先端技術をもっているが、社員のワーク・ライフ・バランスがひどく、メンタル休職も多く将来が心配で転職したい」「上司がコロナの非常事態中でも何かと出社を命じてくる。モチベーションが落ちて、最近ではうつ気味」「育児休暇（や介護休暇制度）を取得しようとしても総務部がなかなか応じてくれません」等々の相談です。中にはストレスのうつ病などの診断で休職をすることになる社員たち、あるいは退職してしまうケースも多くありました。これらの遠因としてワーク・ライフ・バランスが日本ではなかなか改善、充実しないことへの関連性が多く指摘されています。ぜひ若い世代の皆さんが本稿でその予防へのヒントを学び、その啓発を明日から実行していただけると幸いです。

女性研究者のキャリア①
キャリアとライフイベントを取り巻く環境

AGC 株式会社　技術本部先端基盤研究所共通基盤技術部

浅井　真紀

はじめに

　私がAGC株式会社へ転職して数か月になります。久しぶりに自分ごとでここまでフレッシュな気持ちで新たなキャリアを歩み始めて、改めてワーク・ライフ・バランスを見直したばかりです。新卒から約25年間勤めた3Mジャパン株式会社を含めた現在までのキャリア・ライフイベント、それらの環境について、理工系の研究開発者として企業に就職しようとしている方々にむけたキャリアの参考になるよう一例としてご紹介します。

1.　キャリア

　キャリアはデザインしてその通り歩めるものでは決してありませんが、成果の積み重ねや経験、そしてチャンスを逃さないなどの様々な要素がキャリアを広げていくと考えます。まず、私の現在までの職歴をご紹介いたします。

AGC株式会社　　　　　シニアマネージャー／

　　　　　　　　　　　技術本部先端基盤研究所共通基盤技術部

3Mジャパン株式会社　Sr.Managers／

Managing Director Project Management Office

Sr.Manager／

Transportation & Electronics Business Group

Technology Development Lab

Sr.Manager-Manager-Researcher／

Corporate Research Analytical Lab

Researcher／Personal Care Division

1.1　一般職から管理職へ

　日本に拠点を持った外資系企業は、現在のように日系企業が国の重要施策として女性活躍推進に取り組む10年以上前に女性の管理職登用を強化し始めました。US本社からVIPが来日すると「会議室に日本人男性のみが大勢集まり議論や発表を行う異様な雰囲気に違和感を強く感じた」と言っていたものです。US本社からの戦略の1つとしてダイバーシティ＆インクルージョンという言葉が入ってきたのもこの頃です。管理職としてマネージャーになった当時、育児休職延長、短縮勤務の取りやすさ、育児や介護に関する特別休暇、半日休暇枠の増設、シッター補助など、すごい勢いで会社内の制度が整備されつつありました。それらを躊躇わずに最大限活用していいからキャリアを諦めないでほしい、そして様々なライフイベントを乗り切りながら業務へも集中してほしいという気合いを感じたものです。私は会社の制度と上司や同僚、家族の協力があったからこそ、仕事と育児の大変な時期を乗り切れたと感謝しています。現在では、日本全体で女性活躍推進と、さらに、コロナ禍で在宅勤務が広く浸透し、通勤時間削減と体力温存が出来るため育児や介護を理由としてキャリアを諦めない環境が後押しされていると感じます。

1.2 部門長へ

マネージャーとして管理職になってすぐに部門長不在となり兼務することになりました。訳あって突然部門長が不在となったため引継ぎがなく、マネージャーと部門長の役割の明確な区別もつかないまま部門改革を命じられました。US本社に親部門があったため、そこを参考にした組織の立て直し、また、USやアジアの同部門との連携を構築し、さらに、大きな投資もコンスタントに獲得できるようになりました。途中から部門長へ昇進しましたが、振り返ると、丁寧に前任者より引継ぎをされるよりも新たな視点で大胆に動けたのが成功の一因ではないでしょうか。ただ、限りある予算の中から大きな投資を毎年獲得し始めた分、予算をこちらへ回すために自部門の予算を削られた側からそれなりの「風当たり」、しかも私が女性だから言うのだなと感じることもありました。しかしその経験も現在では、メンターとして、女性管理職のメンティー達が同様の「風当たり」に直面した時に、共感やアドバイスができるなど非常に役に立っています。

1.3 R&Dから本社へ

その後、技術本部と事業グループの開発部門長を経て、本社へ異動となりました。するとR&Dの視点から会社全体へと視野が広がり、環境が大きく変わることにより凝り固まった思考回路がリセットされ、物事を柔軟に捉えられるようになりました。長く同じ環境に身を置くよりも新たなチャレンジの場を持ち、物事を違った角度から見る事の大切さと面白さを知ったのもこの頃です。

1.4 外資系企業から日系企業へ

　この度、AGC株式会社とのご縁があり、新たなチャレンジとして今までの経験を活かして貢献していこうと、フレッシュな気持ちでとてもワクワクしています。ダイバーシティ＆インクルージョンの点では前職より後発かもしれませんが、会社一丸となり戦略的に強力に女性活躍を推し進めていると実感しています。これから弊社へ就職を志望する女性の方々にも、安心して働いていただける職場環境を提供できるようになるのではないでしょうか。

2. ライフイベント

2.1 結婚・出産育児1人目、2人目

　独身のときは自宅通勤だったため、結婚後は、「夕食を作る」時間を捻出するのが一番大きな課題でした。そのため私の通勤時間が夫よりも短くなるよう会社の近くに住み、バランスを取りました。初めての育児休暇・復職は両親を巻き込んで嵐のように過ぎましたが、6年離れた2人目の出産時は比較的余裕をもって取り組むことができました。2回目は、健康上の理由から両親の協力を得られませんでしたが、1回目とは比べものにならないほど夫が育児に積極的に協力してくれて感動したものです。そして、2度目の復職後ほどなくして管理職になり、前述のようなキャリアを積んでいくこととなったのです。

おわりに

　昨今、企業内ではジェンダーの違いはあえて考慮されず、それに触れなくなりつつあります。しかし、女性にとってライフイベントは、仕事も含め大きく影響することに変わりはありません。つまり、仕事や家族を含めて真剣に舵を切りなおす節目であることには変わりなく、エクイティを意識した環境に恵まれれば未来は明るいものになることでしょう。

女性研究者のキャリア②
キャリアと
ケア責任の両立

帝人株式会社 炭素繊維事業 技術開発部

小幡　真子

はじめに

　私は新卒入社以来約15年間、同社・同部署で同じ分野の研究開発に携わりながら2回の産休・育休を経験し、現在小学1年と年中の2人の子育てをしながら時短勤務制度を利用して働いています。いわゆる"働くお母さん"としての経験談を期待されていると思いますが、はじめに述べたいのは、「ケア責任」。これは子育て、介護をはじめとする自分以外の家族の日常生活や必要な医療や教育へのアクセスを保つことを主として担うことをいう言葉ですが、この「"ケア責任"＝女性の課題」とする考えはもはや旧世代のものであるということです。

　実際に私の職場や関係先にも育休を取得している男性がいますし、また最近ではコロナ渦で保育園の休園が続いた時期があり、これは子育て世代には大打撃でしたが、我が家も含め私のまわりではどの家庭も夫婦で分担して交互に休暇をとるなどして対応していました。祖父母世代として一定の負担を担った人もいます。つまり、性別や年齢問わず仕事を続けていく中で、こうしたケア責任は自分に降りかかる課題として考えて、準備をしておくことは、キャリアを考えることとあわせて大事なことだと思います。

1. 私の仕事

　私は帝人株式会社の炭素繊維事業での研究開発業務に従事しています。帝人グループは、「マテリアル」「ヘルスケア」「IT」の領域に多くの事業をもつ企業グループで、その中核となる帝人株式会社のマテリアル事業には、「アラミド事業」「複合成形材料事業」「樹脂事業」「新事業」そして私の所属する「炭素繊維事業」の5つの事業領域があります。炭素繊維事業ではポリアクリロニトリル系炭素繊維およびその関連素材の製造・開発・販売を行っています。炭素繊維は、その軽量剛性を活かして樹脂と複合したCFRP（Carbon Fiber Reinforced Plastic）として航空機、自動車をはじめとするモビリティに多く使われていますが、この製造技術は日本の技術者によって発明されたもので、帝人を含めこの技術を継承した日本企業が現在でも世界の製造能力の上位3社となっています。一企業の事業領域であるだけでなく、日本としても守り、育てるべき技術・産業に関わっていることは、自分にとっては子供たちに誇れることです。

2. キャリアとケア責任との両立

　約15年前に私が就職活動をしていたころは、「育休制度があるかどうかだけでなく取得実績があるかを確認したほうがよい」というアドバイスを受けたりしましたが、いま就職を考えている世代にとってこんな話は歴史を語られるに近い感覚でしょう。みなさんの興味・関心は、様々なライフイベントを経て"働き続けられるか"どうかではなく、"活躍できるか"ではないかと思います。

　"活躍"というと、大きなプロジェクトを率いたり、重要なポジションに抜擢されたりといったイメージをもたれる方が多いと思います。最終的には抜擢されるのかもしれませんが、そこに至るまでは、むしろ"やりたい"とか

"やらせてほしい"というモチベーションで自ら動くことがベースになると思います。つまり、難しい内容やプレッシャーがかかるミッションに主体的に取り組み、その経験を糧にして成長していくという地道な過程の繰り返しが前提となります。

　自分の実感としては、ケア責任を抱えている場合、この"手を挙げる"ことが、想像していた以上に高いハードルになりました。たとえば子供が小さいときは、ちょっとしたことで体調を崩すので、保育園から頻繁に電話がかかり早退が相次いだし、少し大きくなっても、夕飯や宿題は子供の生活時間を考えてやらなければなりません。子供を大切に育てたいのは当然で、最低限の世話と家事をこなすだけでなくコミュニケーションの時間もとりたいと思っています。そうなってくると、"定時で帰れないことがある"とか"勤務時間以外で勉強する時間が必要"といった、新入社員の頃は気にもならなかった些細なことが、大きな日々の負担としてのしかかってきました。こうした中で"やりたい"気持ちを口にだすことを躊躇してしまうことは容易に想像できるのではないでしょうか。しかし若いみなさんには、ぜひここで委縮せずに踏ん張って欲しいと思います。

　私の場合は、少々厚かましいかもしれませんが、率直に"やりたい"と言います。ただし、周りの人に助けてもらっています。そしてあたりまえのことですが、助けてもらうことに対しては、しっかり言葉にして感謝の気持ちを伝えることが大事です。逆に誰かが同じように助けを求めてきたときは、自分にできることは全力でやり、信頼を得ていくことが日々の地道な努力の一つです。

おわりに

　ケア責任は、誰にでも降りかかる課題であるとは最初に述べた通りで、みなさんに自分のこととして考えてほしいと思います。まわりには、「子育てで忙しく、キャリアを考える余裕がない」という人もいますが、私の場合は逆で、子供ができてからのほうが自分の仕事やキャリアについてよく考えるようになりました。一日の大部分、かわいい子供を預けて働くのだからこそ、充実させたいし、パフォーマンスを発揮したいという気持ちが強くなりました。

　若いみなさんからすれば、仕事もやって、家のこともやって、さぞかし大変だろうと思われるかもしれませんが、私自身は、総じてストレスもなく楽しんでいます。もちろん細かいところでうまくいかないことはたくさんあるし、仕事も子育ても思ったようには進みません。しかし、"焦らず腐らず"の心で職務に邁進するつもりでいます。今や人生100年時代、いつかは理想にたどり着くはずです。ぜひみなさんも、自分の理想を描いて一歩一歩進んでいっていただけたらと思います。

女性研究者のキャリア③
研究者になった経緯と今後のキャリアについて

三菱ガス化学株式会社 平塚研究所

小林　菜穂子

三菱ガス化学グループについて

　三菱ガス化学グループは天然ガスを出発原料にしたメタノール・アンモニアのケミカルチェーン、過酸化水素、高機能エンジニアリングプラスチックス、MXDA（メタキシレンジアミン）・MXナイロンなど、様々な基礎化学品・素材製品から、発泡プラスチック、エレクトロニクスケミカル、光学材料、脱酸素剤エージレス®といった機能製品にいたるまで、幅広く多様な事業を展開しています。さらには地熱発電などのエネルギー資源事業、抗体医薬をはじめとするライフサイエンス製品にも注力している、特色ある化学メーカーです。三菱ガス化学グループは、「社会と分かち合える価値の創造」のミッションの下、持続可能な社会の実現に貢献していきます。

1.　研究者という職業を選んだ経緯

　研究者という職業を選んだ経緯を振り返って見ると、きっかけは高校生の時の化学の授業と記憶しています。化学の授業で「水は他の液体と異なり、液体より固体（氷）の密度が小さく、それにより氷は水に浮かぶ。だから、水に住んでいる生物は寒い地域でも生きている」という話を聞いてから化学

に強く興味を持つようになりました。私の通っていた学校は高校2年生から芸術コース、文系、理系とクラス分けされるので、高校1年生で進路を決める必要がありました。冒頭の出来事が起きるまでは、昔からピアノを習っていて中学・高校では吹奏楽部だったことから音楽に携わるようになりたいと考えて芸術コース、または数学が好きでかつ経営に興味があったことから文系を選ぼうかなと考えていました。しかし化学の面白さに魅了された私は、元々理系の教科が得意だったこともあり、理系を選択しました。理系を選択したものの、当時は将来どんな職業に就きたいということは考えていませんでした。ただ化学をもっと勉強したいという一心で理系の大学に進み、分子について学べる学科を選択しました。

　ここまでは順調に進んでいたのですが、大学に進学してからは、授業を全く面白いと感じることが出来ず、アルバイトに明け暮れて授業も殆ど出ていませんでした。興味があることを勉強するために大学に進学したのに、面白さを見出せず、そんな自分が嫌になり一時期本気で退学しようかと思っていました。ところが、学部4年生になって研究室に所属し、医薬品に含まれる骨格の新規反応開発について研究をしてみると、まだ世の中に知られていない、教科書にも載っていないことを自分で実際に手を動かして明らかにしていくという過程がとても楽しくて、退学を一度考えたとは思えないくらい、研究に明け暮れていました。授業を真面目に受けたことのないような私を偏見もなく受け入れてくれた研究室の先生にはとても感謝しています。

　学部3年生までは大学院に進学せずに就職しようと思っていたのですが、研究室の先生に恵まれたこともあり、研究室に入ってからは大学院に進学することを決心しました。大学院生になっても経営にも興味があった為、研究室での研究と経営の勉強を両立できる産業技術専攻（MOT）を選びました。研究だけが好きであれば、大学に残るという道もあったのですが、産業

技術専攻の授業を受けることでマネジメントへの興味が増し、両方経験できる企業での研究者という職業を志すようになりました。

　就職活動では色々な化学メーカーの説明を聞いていたのですが、正直に言うと弊社の志望度は高くありませんでした。ただ、沢山見てきた化学メーカーの中でこの会社に入社すれば幅広い業務が経験できそうだなと思ったことを覚えています。きっと縁があったのだと思いますが、就職活動をだらだら続けるのが嫌だった私は、最初に内定が出た弊社への入社を決めました。そして、現在まで研究者として働いています。

2.　女性研究者ならではの苦労

　まだ結婚や出産といった女性ならではのライフイベントを経験していないこともあり、女性研究者ならではの苦労はあまり思いつきません。あえてあげるとすると、力仕事が男性に比べてできない、体力が少々劣る、という点くらいです。私は、中学・高校と多感な時期に、自立した女性の育成を根幹に教育活動が行われていた女子校で育ったこともあり、「女性だから～」「女性ならでは～」といった表現にあまり慣れていませんし、違和感を覚えます。今回、本書の執筆を頼まれた際にも、なぜわざわざ「女性」というだけで苦労がある前提なのだろうと疑問に思いました。もちろん、男女で差はありますが、男女関係なく悩みや苦労はあると思うからです。研究者という職業や苦労といったカテゴリーに限らず、女性ならではの何かがあるのなら、男性ならではの何かもあるはずで、なぜ双方の意見や経験を取り上げないのかと、あらゆる場面で感じています。

　少し話が逸れましたが、そんなこともあり、ライフイベントのことは特に考えずに、「まずは研究者として経験を積み、その経験を活かして営業や企画開発でマーケティングに携わり、将来は役員になる」、という

キャリアプランを立てています。

　私は入社1年目に約1年間の営業実習を経験しました。この時、研究者として研究にただ没頭するだけでなく、営業や企画開発の立場で市場の最前線に立つことで、顧客と研究・工場との橋渡しをできるような存在になりたいと強く感じました。さらに役員になりたいというのは、元々経営に興味があって大学院でも勉強をしたので、実務を経験したいという想いからですが、化学の力で社会をよりよい方向に導きたいと思っているからでもあります。弊社では環境負荷低減を目的にした数々の製品の研究開発を行っています。それら製品が世間に浸透すれば、地球温暖化などの環境問題を解決し、持続可能な社会を実現できると信じています。一社会人として社会をよりよいものに変革するには、個人の力だけでなくチームの力が必要ですが、チームを率いる人物によって士気や成果が変わってくると思います。自分は経営の立場から、チームMGCとして最大限の力を発揮して社会的な課題を解決していけるビジョンを示すことができる人材になりたいと考えています。もし結婚や出産をしたとしても、この仕事が好きな限りは働き続けて、自分の描くキャリアプランを実現させたいです。その中で、女性ならではの障壁が出てきたら、そのときにどう乗り越えればよいか周囲に相談しながら、乗り越えるだけでなく、周りと協力して自分より若い世代の女性が障壁を感じることなく働けるような環境を作れるような存在になりたいと現在は考えています。「女性だから」、という理由で何かを諦めるのではなく、自分が実現したいと一度思ったことは必ず実現していきたいです。

女性研究者のキャリア④

研究者以外の
キャリアの一例

ニチバン株式会社

森山　英理

はじめに

　ニチバン株式会社は、粘着テープを製造販売している会社です。ニチバンで作っている製品は、文具のセロテープ® や救急絆創膏ケアリーヴ™など生活の中で使われる製品から、病院で使用するテープ、薬の入った医薬品のテープ、産業用のマスキングテープ、野菜結束テープなど専門性の高い用途の製品まで、様々なものがあります（®:registered trademark TM:trademark。）

　粘着テープに使われている粘着剤は、天然ゴムや、合成ゴム、アクリルポリマーなどの高分子が主成分です。技術職の社員の大学時代の学部、専門は、化学、工学、薬学、農学など様々です。

図1　製品の写真

1.　私の経歴について

　私は理学部化学科を卒業し、大学院には進まず就職する道を選択しました。その時に学部卒でも、院卒同様の仕事内容で技術職を募集している会社があると紹介され、ニチバンに入社しました。入社後、粘着剤の開発や製品設計に携わる部署、製品の企画をする部署を経て、現在は研究開発本部という部署で、新しい技術の情報収集やオープンイノベーション、社内の技術情報の共有化推進などを行う仕事をしています。

　研究者としてのキャリアを多くは積んでいないのですが、理系の知識が活かせる仕事は幅広いということ、職場の働きやすさについて紹介したいと思います。

2.　理系の知識が活かせる仕事

　現在、研究室に所属している学生の方だと、製造業での仕事は、製品の開発に関わる研究をする仕事というイメージが強いかもしれませんが、製品を新しく出したり、製品を生産し売り続けるためには、多くの部署が役割分担をしています。理系人材が働く部署は弊社の中でもたくさんあります。たとえば、製品アイデアを出す企画の仕事（製品開発部、イノベーションセンター）、製品に使用する技術の研究や製品の設計を行う仕事（先端応用研究所、製品設計部）、製品や技術の知的財産権を守る仕事（知的財産権部）、製品の品質保証を担当する仕事（品質保証本部）、工場できちんとした製品が製造されているか日々管理する仕事（品質保証部、生産技術開発課）、医療機器や医薬品では、製品を世の中に出すための申請を行う仕事（薬事情報部）などいろいろな部署で理系人材は活躍しています。機械や電気の知識がある人は、工場設備の導入や保守管理に関わっている人もいます。もちろんずっと研究所で働く人もいますし、会社に行きながら大学院で博士号を取った人もいます。

自分が向いている仕事というのは、なかなかやってみないとわからないという部分があると思うのですが、弊社では技術職という枠組みで入社するので、研究所に入ったら、ずっとその部署にいるというわけではなく、様々な部署で仕事を経験する可能性があります。また、その経験により多角的に製品を考えることができ、製品づくりに活かすこともできるので、研究や設計以外の経験もしてみたいと思う方は、そういった観点で会社を選ぶのもよいかもしれません。会社の規模や仕組みによって、担当する製品の開発に当たり、一貫して発売まで関わるか、一部分のみに関わるか異なりますが、弊社の場合は、担当者が設計の初めから終わりまで関わる場合が多いので、担当製品に愛着を感じられます。

3.　働きやすさについて

　女性研究者というトピックスのため、職場での女性特有の苦労や働きにくさがあるか心配している方もいるかもしれません。会社の制度にどのようなものがあるか、就職活動の時に気にしている方も多いと思います。弊社も時代の変化に合わせて、前向きに制度の改善を行っています。女性の働きやすさというより、男女や部署に依らず、会社で働く人全員が働きやすくなることを意識していると感じます。女性で産休、育休後の復職をしている人も多くいますし、男性でまとまった育休を取得した人もいます。地域限定社員など事情がある場合は、転勤なく仕事ができる制度もあります。有給休暇は全日休、半日休以外に、1/4日休という制度もあり、就業時間の始めと終わりに2時間単位でのお休みも取れるようになっています。また最近、コロナ禍で暫定運用されていた時差勤務や在宅勤務も正式に制度化されました。女性の管理職も増えつつあります。福利厚生が他社と比較して、突出して整っているというわけではありませんし、職場の働きやすさにも改善すべき課題は

あるのかもしれませんが、社員が困っていることや意見を聞こうとする姿勢がある会社という風に感じます。

おわりに

　女性ならではの研究職の経験談はあまりない内容ですが、少しはみなさんの参考になるところがあればいいなと思います。研究職や技術職以外の仕事でも、大学で学んだことや、ロジカルな考え方が役に立つ場面はたくさんあるので、安心して今やれることを頑張ってほしいです。大学から会社に環境が変わると、これまでより周りの人の世代の幅も広くなり、環境が大きく変わるため、戸惑うこともあるかもしれませんが、よい出会いも増えると思います。私は大学の時に想像できなかった仕事をしていますが、何をやるにせよ、そのときできることを誠実にするということが大事だと思っています。本書籍には、素晴らしい結果を残している研究者の方がたくさん経験を書いてくれていると思いますが、こんな人もいるのだなと思っていただければ幸いです。

Contents

Ｒ＆Ｄマネージャー

Office EAGLE NEST（元 富士フイルム株式会社）
鷲巣　信太郎

はじめに

　企業の研究開発は、新製品、新事業の創出により人々に新たな価値を提供することを目的として進められます。その実現までのプロセスは長い道のりであり、プロジェクトの進展に伴って多くのリソース（ヒト、モノ、カネ）が投入されます（参照：第3章第4節）。

　こうした企業における研究開発活動のプロジェクトチームや組織を管理・運営する役割と責任を担うのがＲ＆Ｄマネージャー（Research and Development Manager）です。

1. Ｒ＆Ｄマネージャーの仕事

　Ｒ＆Ｄマネージャーの仕事は、研究開発テーマの進捗管理や指導、全体とりまとめ、メンバーのOJT（On the Job Training）[※]、目標管理などはもとより、研究計画〜研究戦略の立案と承認、リソース管理と配分、各種テーマのGo / No Go判断、関連部門との調整、経営判断など、業務内容は多岐にわたっています。

　ものづくり、価値づくりによって人々の幸せに貢献する企業の目的を

果たしていくことは、どんな立場であってもやりがいのある仕事です。ただ、研究開発の現場において、上位の職位（ポジション）へと順次ステップアップをめざしていくことも"大きなやりがい感を得る"という意味では大切な目標となりえます。

　すなわち、ポジションが上がるにしたがって責任は重くなりますが、一方で、裁量の権限範囲、自由度が増し、大きなチームや組織のかじ取りを担うことができるようになります。結果として、自己のマネジメントに基づいて達成された成果やその影響度の大きさが、より具体的、かつ、定量的に実感できます。

※）新人や業務未経験者に必要なスキルや知識を現場での実務を通じて指導していく教育方法

2.　R&Dマネージャーへのステップアップルート（キャリアパス）

　では、企業研究者のマネージャーとしてのステップアップは、一般にどのように進むかを整理してみましょう。各企業によってR&Dマネージャーのポジションに関する呼称は統一されていないため、ここでは便宜上、係長クラス、課長クラス、部長クラスなどとの並列でタイトル表記しています（図1）。

一般的な職位クラス	研究者としての職位呼称（ポジション）	
	マネジメント職　主務	高度専門職　主務
役員相当クラス	CTO 研究所長 開発センター長	リサーチフェロー
部長　クラス	研究所長 開発センター長 研究部長	主席研究員 主幹研究員
課長　クラス	Playing Manager	
	主任研究員	専門主任研究員
一般 ～ 係長クラス	研究員（リーダー層含む）	

↑ 職位のステップアップ方向

（※）企業により、職位呼称は多少異なります。

図1　研究者の一般的なステップアップルート

2.1　一般研究者から現場リーダーへ：係長クラスの研究者

　企業研究者としての仕事の第一歩は、既存の研究所への配属、あるいは、研究開発プロジェクトメンバーへの参画などの機会からスタートします。一般的なポジションとしては「研究員」です。役割分担された課題を着実に遂行するために仕事のやり方や知識を順次習得し、チームへの貢献を積み上げるなどの経験から仕事へのやりがいや成果を実感していきます。

　その後、現場リーダー（係長クラス）になると、たとえば、個別に分担されたテーマやグループのとりまとめを任せられます。自グループメンバーとの日常的なディスカッションやOJTなどの業務を通じて、研究開発を現場でリードする役割を担います。

2.2　R＆Dマネージャー（1）：課長クラスの研究者

　一般に、ポジションの呼称は「主任研究員」とする企業が多く、いわゆる課長クラスのR＆Dマネージャーです。開発チームを取りまとめる研究マネジメント業務、すなわち、研究開発の計画立案から分担、指導、進捗管理、人材育成、評定、部外調整などを主務とします。

　このクラスは、比較的、研究者としても油の乗り切った世代であるため、プレイングマネージャー（Playing Manager）として、①実験などの研究開発業務、②研究マネジメント業務を両立させたスタイルで活躍することもできます。こうしたタイプのR＆Dマネージャーは、日常的にも密なコミュニケーションでメンバーからの信頼が得られ、同時に、課題解決に向けたチーム内での一体感や貢献も"見える化"されます。R＆Dマネージャーとして能力的な成長実感が得られる好ましい仕事のスタイルといえます。

　ただし、研究開発業務にマネジメント業務を単純にアド・オンするだけではすぐに仕事のキャパシティーを超えてしまうリスクを抱えてしまいます。

そこで、まずは「業務の棚卸」による自主的な業務改善の取り組みを実施して、効率化、協働化、分担・引継ぎを進めるなど、独自の工夫とノウハウの確立が大切なポイントとなります。

2.3　R＆Dマネージャー（2）：部長〜役員クラスの研究者

　主席研究員、主幹研究員、研究部長、開発センター長、研究所長など様々なポジションと役割があります。

①主席研究員、主幹研究員は一般に部長クラスの高度専門職の研究者です。豊富な専門知識と経験から研究開発を指導的立場でリードしつつ、必要に応じて自らも実験等で実働します。会社によっては、高度専門職の最高峰として役員待遇のポジション＝リサーチフェローなどを選任する企業もあります。研究者がキャリアパスの最終目標としてめざせるような魅力的なポジションといえます。

②研究部長、開発センター長、研究所長は、組織のリーダー的な立場となって研究室や研究部門を統括し管理する重要なポジションです。部門を取りまとめて研究がスムーズに進むよう担当マネージャーやチームを機能させることが主な業務となります。

　また、部門のマネジメントに必要となる予算管理や経営企画も行うため、企業の経営そのものにも深く関わります。このような重要な役割から、研究所長や開発センター長というポジションは必ずしも部長職だけでなく役員クラスで処遇する会社もあります。

2.4　R＆Dマネージャー（3）：その後の可能性

　R＆Dマネージャーを経験した人たちは、その後のポジションルートの可能性としては研究部門に留まるだけではありません。さらに、製造や営業な

ど他部門の職種について経験を積む場合も実際には多くあります。会社内の様々な部門で経験を積むことで広い視野を得ていきます。

　その延長線上として、将来的には技術部門などのトップ（eg., CTO: Chief Technical Officer）となって、ものづくりの全体戦略を考える立場へとステップアップしていくケースもあるでしょう。

3.　R&Dマネジメントのあり方

3.1　マネージャーに共通して必要な能力

　企業における業務・運営の責任者であるマネージャーは、次のような能力が求められます[1]。

①論理的思考力	：誰もがわかりやすく理解できるように伝える。
②意思決定力	：スピード感を持って意思決定する。
③コミュニケーション力	：スムーズに意思疎通する。
④人を見極める力	：だれに仕事を任せて成果を上げるか仕組みを作る。

　R&Dマネージャーについても、職務に必要とされる担当分野の知識や専門性を上記①〜④に加えれば、基本的に共通するものとなります。

3.2　VUCAの時代

　現代は、"VUCAの時代" ＝ Volatility（変動性）、Uncertainly（不確実性）、Complexity（複雑性）、Ambiguity（あいまい性）（図2）といわれています。先行きが不透明で変化の予測が立てにくい社会情勢となり、企業を取り巻く

環境も急激に変化を続けています。SDGsや脱炭素社会の実現、デジタル化の進展など、様々な社会環境の変化がビジネス環境においても大きな影響を与えています。

　このような時代背景の中でも、企業の研究開発部門は新規テーマを設定し、新製品、新事業の開拓を推進していかなくてはなりません[2]。では、これから活躍を期待されるR＆Dマネージャーには、さらにどのような視点や能力が求められるでしょうか？

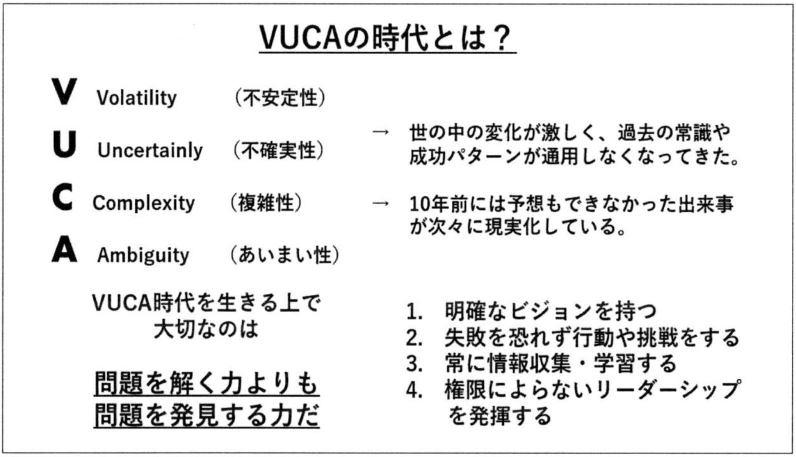

VUCAの時代とは？

V Volatility 　（不安定性）
U Uncertainly 　（不確実性）　　　→　世の中の変化が激しく、過去の常識や成功パターンが通用しなくなってきた。
C Complexity 　（複雑性）　　　→　10年前には予想もできなかった出来事が次々に現実化している。
A Ambiguity 　（あいまい性）

VUCA時代を生きる上で大切なのは

問題を解く力よりも問題を発見する力だ

1. 明確なビジョンを持つ
2. 失敗を恐れず行動や挑戦をする
3. 常に情報収集・学習する
4. 権限によらないリーダーシップを発揮する

図2　VUCAの時代、人に求められることは？

3.3　R&Dマネージャーとして

　何が起こるかわからないVUCAの時代では、「人は問題を解く力よりも、問題を発見する力が必要」と言われています[3]。これは、これまでは「有能」とされてきた能力とは異なる価値観であり、非常に難しい問題提起かもしれません。しかし、現代のような混沌とした時代背景の中では極めて「的を得ている」といえそうです。

こうした時代、Ｒ＆Ｄマネージャーは、従来の仕事のやり方や価値観に加えて、全てのメンバーが課題発掘能力を発揮しやすい研究環境作りのために何をすべきかを考えることが重要です。その取っ掛かりとしては、メンバーが研究の現場から自由に動き回り、見聞きし、試し、経験するなど、問題を見つけるためのチャンスをうまく演出してやることから始まります。

参考文献

1）TUNAG, HRコラム, https://tunag.jp/ja/contents/hr-column/6873/
　　(株)スタメン（2020年）
2）北嶋貴朗、新規事業開発マネジメント、日本経済新聞出版（2021年）
3）細谷功、問題発見力を鍛える、講談社現代新書（2020年）

マーケッティングマネージャー

技術マーケッティングの責任とやりがい及び事業開発

株式会社 AndTech 顧問（元 スリーエムジャパン株式会社）

古藤　健二郎

はじめに

　企業は、ビジネスを生業として成り立っています。ビジネスは、ものを製造し、販売し、利益を得ることにより成り立っています。ものを製造するには、それを支える技術が必要で、ものを販売するには、マーケッティングの力が必要です。この節では、研究開発者の将来のステップアップとしてのマーケッティングマネージャーについて考えてみます。

1．技術マーケッティングの責任と役割

1.1　研究開発とマーケッティングは企業の両輪

　皆さんにとって、研究開発部門とマーケッティング部門は、少し離れていて、遠い存在にみえているかもしれません。企業が成功するには、研究開発とマーケッティングが一体化している必要があります。技術の価値を見極め、その技術の価値を世の中に紹介する役割がマーケッティングであるからです。その意味で、研究開発部門とマーケッティング部門とは企業の両輪の役割を果たしています。研究開発部門は、アイデアと技術を駆使して顧客価値を生み出し、その価値を顧客に紹介し、ビジネスにする部門がマーケッティングです。

1.2　技術マーケティングの必要性

　研究開発部門は研究開発だけをすればよいというわけではありません。企業人として、その技術を世の中に出し、採用してもらうためには、マーケティング的（顧客価値を見出し、ビジネスの仕組みつくりを行う）活動も行う必要があります。市場に必要な顧客価値を創出し、その価値を顧客に響かせるような思考も、研究開発には求められます。

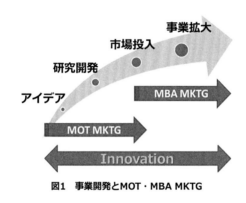

図1　事業開発とMOT・MBA MKTG

　新製品を開発していくステップとして、「アイデア創出→研究開発→市場投入」という大きな流れの中で、研究開発として、それぞれのステップにおいて、市場や顧客の課題を考えながら研究開発をしなければなりません。そのためには、研究開発部門が、マーケティング的な考え方も取り入れながら研究開発をする必要があります。この考え方を技術マーケティング（MOTマーケティング）といいます。

　市場投入のステップ以降で、マーケティング部門が行うマーケティングをMBAマーケティングといって区別されます。研究開発部門が行うMOTマーケティングでは、どのようなことを考えなければならないかの具体例は図2を参照ください。

- ➢顧客ニーズは何か。
- ➢顧客にとっての価値は何か
- ➢自社技術の可能性
- ➢開発製品の利益率、価格、製造原価
- ➢競合技術との違い
- ➢市場にフィットするか
- ➢市場でのオポチューニティー
- ➢事業戦略と合致しているか。

図2　MOTマーケッティングに必要な考え

1.3　技術マーケッティングの役割

　技術マーケッティングとは、自分が担当している技術の価値を見出し、その技術を、どのようなマーケットに展開していくことが可能であるか、また、ターゲットとする市場にとって、この技術がどのような価値を発現できるかなどを考えながら、研究開発を行っていくことです。みなさんに、ぜひ理解していただきたいことは、研究開発がすべての起点になっているということです。市場にとって必要な技術は何か、またこの技術は、どのような用途に活用できるかを考えていくことが技術マーケッティングにとって重要となります。

1.4　研究開発とイノベーション

　イノベーションという言葉は、日本語で"革新"と訳されていますが、ひと言でいえば、顧客価値を生み出し、そのアイデアを世の中に出すということです。決して発明やブレークスルーアイデアだけではなく、自らのアイデアが採用され、利益を生み出し、企業に貢献することをいいます。したがって、

企業内のすべての部門が行うべき活動でもあるわけです。研究開発部門では、新技術を開発すること、製造部門ではコストダウンのための工程開発を行うこと、サプライチェーン部門では納期改善などを行うことも含まれます。マーケティングや販売部門では、自社製品によって顧客に新しい価値を提供することで顧客に大きな利益をもたらすことなどが含まれます。

2. 事業開発

2.1 事業開発には、市場ニーズと技術シーズの発想

　事業開発には、ある市場をターゲットとして新しい事業を考えるものと、自社のもつ技術や製品を活用しての新事業開発の2つがあります。市場ニーズから発想するものか、技術シーズから発想するものか、ということです。事業開発のステップとして、図3のような考え方をすることがマーケティングとしての定説となります。

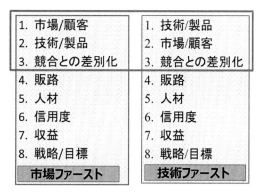

図3　新事業開発プロセス

　市場ニーズあるいは技術シーズのいずれのケースも、事業開発のためのステップで行わなければならない内容は変わりません。図3にあるように、

着手する順番の1と2の順番が違うだけで、やらなければならない内容は変わらないからです。

　市場ニーズの場合には、まず市場について熟知し、研究する必要があります。この市場では、どのようなトレンドがあり、どのような技術や製品が必要とされるのかを考えます。そのニーズに合うような製品や技術が何かを次に考え、事業開発を行っていきます。

　技術シーズの場合には、自社の持つ技術や製品が、どのような顧客価値をもっているかをまず知る必要があります。その価値を見極めたうえで、それを一番必要としている市場を探索するという次のステップに入ります。

　次の工程は、自社製品や技術が、競合会社とどのような差別化ができているかを考えることとなります。研究開発部門として大切なことは、自分のもつ技術や製品が、競合他社とどのように差別化されているかを知ったうえで開発をしていくこととなります。これが事業開発の1から3までのステップです。この3ステップまでが最重要となります。

　「7. 収益」や「8. 戦略／目標」の項目についても、配慮が必要となりますが、研究開発部門としては、まず1から3のステップを考えることが最優先です。往々にして、自社技術への思い入れが強く、競合との差別化に目が届かないケースがありますが、この点こそMOTマーケッティングとしての視点が要求されることになります。

2.2　研究開発に必要なマーケッティング的思考

　マーケッティングには、フレームワークというものがあります。フレームワークとは、手順化してまとめられた「型」「枠組み」のようなものです。共通して用いることができる考え方、意思決定、分析、問題解決、戦略立案などの枠組みのことを指します。MOTマーケッティングにも必要で、

研究開発として知っておくべきフレームワークとしては下記の2つのフレームワークが重要です。

　ひとつは3C分析で、市場を知るための考え方です。3Cとは、自社（Company）・顧客（Customer）・競合（Competitor）を考え、3つの関係性から市場の現状や将来を分析するために用いるフレームワークです。自社・競合・市場を俯瞰し現状を理解し将来を推測するためのものです。もうひとつは、SWOT分析です。自社の強みと弱み、競合や外部要因からの機会と脅威を分析するためのフレームワークで、下記の英語文字の頭文字をとった表現です。内部要因の強み（Strengths）、内部要因の弱み（Weaknesses）、外部要因の機会（Opportunities）、外部要因の脅威（Threats）の4項目となります。上記の内容を分析することで、市場には、どのような課題があり、それをどう解決していくかを考えるためのフレームワークです（図4）。

3C分析

顧客
- 業界の市場規模
- 市場の成長性
- 顧客ニーズ
- 顧客の消費行動・購買行動

自社
- 企業理念・ビジョン
- 既存ビジネスの強み、弱み
- ヒト・モノ・カネの強み、弱み
- 資本力・投資能力

競合
- 競合の現状シェアと推移
- 競合の特徴
- 競合の業界ポジション
- 新規参入・代替品の脅威

SWOT分析

プラス要因	マイナス要因	
内部環境	**強み（Strength）** 自社の持つ強みや長所、得意なことなど	**弱み（Weakness）** 自社の持つ弱みや短所、苦手なことなど
外部環境	**機会（Opportunity）** 社会や市場の変化などでプラスに働くこと	**脅威（Threat）** 社会や市場の変化などでマイナスに働くこと

図4　マーケッティングフレームワーク例

フレームワークは何にでも活用できます。たとえばみなさんの就職活動というテーマで考えてみてください。3C分析でいうと、自社は自分であり、顧客は企業の人事、競合は、同じ会社を目指す学生。何をしなければならないかが考えやすくなります。SWOT分析は、どのように自分を改善すればよいかが、記入していると見えてくるはずです。早速、そのような事例に使ってみることでフレームワークへの理解が深まると思います。

3.　研究開発者のステップアップ
3.1　研究開発者のキャリアパス
　研究開発者のステップアップには、企業により少し仕組みが違うことがあるかもしれませんが、好きな研究をずっと続け、研究開発一筋で進むスペシャリストコースと研究開発をする人のリーダーとなるマネージメントコースがあります。

　スペシャリストコースは、本当に研究が好きで人との付き合いをするよりも研究をし続けたいという人に向いているコースです。一方、マネージメントコースは、人をマネージし、組織をけん引するリーダーとなる役割です。このコースには、研究開発部門をけん引する人もいるし、さらに発展し、マーケッティング組織や事業部門のリーダーになることも含まれます。

　みなさんには、ステップアップとして、最高の研究開発者になるコースと研究開発部門のリーダーになるコース、さらに研究開発部門から事業運営のマーケッティングや事業部門長をめざすコースなどもキャリアパスとして考えられます。

3.2　マーケッティングマネージャー

　マネージメントコースを歩む人にとっては、企業が成り立つための事業運営についての知識や理解度を深める必要があります。その流れの中で、ビジネスに興味がわいた人はマーケッティングという部門に異動することで、ステップアップを考えることができるようになります。

　マーケッティングという部署は、事業部門、研究開発部門、製造部門のコントロールタワーの役割を果たす扇のかなめでもあります。また、研究開発部門のバックグラウンドをもつ人材は、マーケッティングなどの事業部門にとっても貴重な存在です。経営層にも、技術系のバックグラウンドをもつ人材を役員に入れることが大切となります。

　欧米企業では、入社時に研究開発部門に配属された人たちの多くが、MBAの資格を取り、マーケッティング部門に異動することもよく行われています。その職務の経験をもとに、将来は事業部門長をめざすキャリアパスがつくられます。研究開発者にとっても、マーケッティングマネージャーというステップアップは、意味のある選択肢のひとつであると考えられるでしょう。

おわりに

　みなさんは、今まさに社会へはばたく瞬間にきています。社会人の先輩として、企業選択にあたって、ぜひ下記の項目についてよく調べたうえで、企業を選択されることをアドバイスします。

　1.賛同できる企業ビジョンであるか。

　2.自分に合った企業風土であるか。

　3.研究開発部門が企業内で大事にされているか。

最後に、皆さんの就職活動が成功されんことを祈り、筆を置きます。

プロジェクトマネージャー
事業成功・収益性確保の責任とやりがい

株式会社 AndTech 顧問（元 住友化学株式会社）

今井　昭夫

はじめに

　筆者は、1970年代初期に化学企業に入社し、研究開発部門を中心にいくつかの部門で業務を行ってきました。今から振り返ると、入社当時にいきなり新規樹脂製品の開発プロジェクトに配属されて、大学時代の専攻とは異なる樹脂製造プロセス技術の開発検討を担当したことが、プロジェクトの組織と活動に接した最初の経験でした。このプロジェクトは第一次石油ショックの影響を受けて、開発中止・プロジェクト解散の憂き目に遭いましたが、このときの経験が、その後のいくつかの技術開発・事業開発プロジェクトに参画したり、プロジェクトマネージャーの立場で仕事をする契機やモチベーションのベースになっています。それらのプロジェクトの中にも事業化に成功したものもあれば、中止撤退に追い込まれたものもありますが、いずれのプロジェクトでも自身の担当技術領域の拡大や社内外人脈の拡大につながり、また事業経営の運営・進め方を学ぶ機会ともなってきました。この意味で、多くのプロジェクトに参画できた筆者の企業人としての人生は幸運に恵まれてきたといえます。本稿では、開発プロジェクトやマネージャーの責任とやりがいとについて、改めて整理してみたいと思います。

1. 研究開発の進展と開発プロジェクト

1.1 企業における研究開発の進展と事業化までのプロセス

　一般に製造業企業における製品開発は図1に示したようないくつかの段階を通って進みます。すなわち、初期の研究者のアイデア・着想は、調査を通して研究テーマとして研究所内に提案され、テーマ検討着手が承認されると予備的な検討・研究が実施され、技術上の到達目標とそれを実現するための基礎技術研究計画が立案されます。この基礎技術研究は、具体的な製品概念に結びつけられるか否かの判断ができるまで継続され、製品としての目標（性能・機能・品質など）が明確化された後、実際の製品として実用化するための実用化研究が開始されます。この実用化研究が進捗して、製品のプロトタイプ（研究試作品）ができると、その製品を工業化することの可否が審査会で議論され、審査に合格すると、工業化技術の開発がテーマとして承認され、工業化技術開発研究チーム（工業化技術開発プロジェクト）が編成されて工業化検討が行われます。この段階では、たとえばパイロット設備を用いる試作品の試製造による製品性能の確認と工業化技術の完成度評価なども行われます。この工業化検討が進捗して、潜在顧客の試作品評価の結果も良好となれば、そのほかの各種審査項目（事業化した際の経済性、知的財産権の状況、競合同業者の状況など）の事前評価結果を含めて事業化可否審査会に提案され、審議されます。この審査に合格すれば、製造設備・工場建設のための設計、製品販売組織の編成と潜在顧客の顕在化、製品性能・機能の改良や工業化のための技術改良などの検討を並行的に進める事業化プロジェクトが編成されることになります。

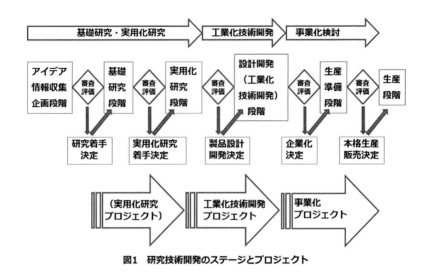

図1　研究技術開発のステージとプロジェクト

1.2　開発プロジェクトの組織や仕事の性格

　前項に記載したとおり、企業における研究開発テーマの技術検討が進展し、製品の工業化に向けた開発検討段階に到達すると、その開発を担う技術者チームの編成が行われます。ここでは基盤技術を検討してきた基礎研究者に加えて、その製品を工業的に生産するための技術（いわゆるスケールアップ技術）の検討を行う技術者や製品の品質物性を評価する技術者などがチームメンバーとして集まり、従来所属していた業務組織から一定期間離れる形で、製品工業化に取り組む集団（プロジェクト）の業務を専任の形で遂行することになります。特に新製品開発の場合には、このプロジェクトの進め方により、工業化の成否が決まることも多く、その進捗度合いが社内の各部門から注目されることになります。

　プロジェクトメンバーに選ばれることは研究者・技術者にとって、技術能力を認められたことでもあり、喜ばしい反面、現実に目標期限までに製品の

工業化を成し遂げる重い責任を負うことにもなり、覚悟を決めなければなりません。とくにプロジェクトマネージャーは、いくつかの部門から集まったメンバーの特性や能力を見定めて、プロジェクト全体の進捗を図ると共に、社内の各部門への進捗説明責任も負いますので、重圧に曝される気分にもなりがちです。

　さらに事業化プロジェクトの場合には、生産部門、工務設計部門、経理・企画部門、営業部門などから選任されたメンバーも加わり、そのプロジェクトの成否が経営幹部層からも注目されることになり、成功につなげる責任はより大きいものになります。

　このようにプロジェクトには、企業の製品事業領域の拡張や新規参入による企業の成長持続性を担う重責が課せられますが、開発プロジェクトに参加できると、プロジェクト内外の人たちの様々な発想や仕事の進め方に触れて、自身のその後の仕事の進め方も大きく変わるような経験ができるのも事実です。また、幸いにしてプロジェクトが計画どおり進捗すれば、当事者には大きな自信が得られると同時に、社内外の関係部署の人たちとのネットワークが拡がることになり、プロジェクト終了後の仕事の幅も広くなったり、自身の考え方や意見が承認されやすくなったりすることが経験者にしか感じられない「醍醐味」でもあります。

2.　プロジェクトマネージャーの役割

2.1　プロジェクトの運営

　プロジェクトマネージャーの役割としては、プロジェクトの推進計画を策定し、メンバーをそれぞれの担当業務に分担配置し、プロジェクト全体としての技術検討が計画どおり進捗しているか否かを一定期間毎に把握して計画の修正・調整を行い、メンバーの出身業務組織の上司や関連部門に進捗報告

とその後の支援要請を行うことなどにより、プロジェクト業務の計画通りの進捗を図ることが主要な責務といえます。

すなわち、プロジェクトマネージャーには、個々のプロジェクトメンバーの業務進捗状況を把握し、全体計画からの遅延の有無を認識して業務分担を調整したり、特定分野の専門技術者に支援を要請したりして、全体計画からの進捗のズレを修正して、「全体最適化」を図る組織運営が求められます。この際、個々のメンバーは異なる専門性・異なる能力や感覚を有していますので、各メンバーの技術経験・知識背景・業務遂行能力・性格などの個人としての特性を把握し、よく議論・相談に乗ることが大切です。プロジェクトの進行に伴い、新たな検討項目が発生する場合もあり、その場合にはその技術検討を担当できるメンバーを人事部門や関連部門と相談のうえ、プロジェクトに参加してもらったり、その領域の専門家を社内外から招いて支援させることが必要になる場合もあります。

このようなプロジェクトの進捗状況を、各関連部門の上司に報告し、場合によっては支援や助言を得ることもマネージャーの役割です。定期的にこれら関連各部門と連絡をとり、進捗現状の理解を得ると同時に各関連部門や全社の事業戦略方針に係る情報を入手してプロジェクト運営方針と整合化を図ることが、プロジェクトの成功確率を高める重要な役割になります。事業環境の変化の激しい時代ですので、経営方針の修正や改訂についても理解しておくことがプロジェクトの推進方向や関連部門との協議事項の機動的な修正に役立つことになります。

なお、これらの努力によっても、目的の製品の予定生産価格が下がらないとか、予定していた潜在顧客からの購入意欲の急激な減退が起こるなど、工業化しても自社の収益性がどうしても期待できない場合には、プロジェクトの中断・中止を決断して、上位者に提案・申請することもマネージャーの責

任です。その決断に至るまでどのような検討・工夫・努力をしたか、また、何故、当初の計画とのズレが生じたのかを明確にして説明・相談することが必要であることはいうまでもありません。

2.2　プロジェクトメンバーの育成とマネージャー自身の成長

　プロジェクトメンバーは、一定の期間、従来所属していた業務組織から離れてプロジェクトの業務に専任することになります。つまり、決められた開発スケジュールに沿って自分の担当のプロジェクト業務を遂行することで、企業の技術者として開発業務の進め方に触れ、異なる部門の社員との意見調整や分担協力を経験する中で成長していくわけです。個々のメンバーの成長が、プロジェクトの成功確率を高めますし、また、このようなプロジェクト業務を経験した若手技術者は、将来、別の新規プロジェクトのマネージャーに選任される可能性も高くなります。現在のプロジェクトの推進と成功を図ると同時に、メンバーの成長の度合いを把握し、個々のメンバーの能力向上・成長を指導・支援することもプロジェクトマネージャーの主要な業務になるといわれる所以です。

　また、プロジェクトマネージャー自身が、プロジェクトの推進を図るために、他部門の上位者に相談して助言を求めたり、時には経営幹部層に直接意見具申をする機会を工夫して設けたりすることで、自らの業務能力を高め、異なる部門での業務についての理解を深め、経営幹部層の発想や思考方法に触れてプロジェクトの推進方向を調整するなど、企業の中での研究技術開発の方法論に熟達できることになります。

　このように、プロジェクトマネージャーは、メンバーと自身の成長を意識しながらプロジェクトの運営に当たることが大切と筆者は考えています。このことで、自身とメンバーのモチベーションの維持・向上にもつながり、結

果として企業内の人脈・人的ネットワークも拡がることになって、プロジェクト完結後にも意欲的に新しい業務を遂行できると実感しています。

3. プロジェクトの終結と総括

　工業化技術開発プロジェクトが計画どおり成功裏に進捗した場合には、企業内での事業化可否審査会での成果評価判定により承認されて、事業化プロジェクトが組織されて工場・生産設備の設計建設検討や顧客市場への本格的な新製品紹介などが開始されます。また、事業化プロジェクトが計画どおり進捗した場合には、生産・販売に移行することになります。このようにプロジェクトが成功裏に進捗した場合には、各プロジェクトの推進経緯や成果が報告書の形にまとめられて審査会にも提出されますので、技術成果は有形の記録として保管されることになります。

　一方、不幸にして諸般の事情で、プロジェクトが中断・停止・解散を余儀なくされることも少なくはありません。このような場合、ややもするとプロジェクトメンバーは意気消沈して、それまでの技術進捗状況などを思い出したくもないという気分になりがちですが、この時点で、得られた技術成果を簡潔に整理した報告書を作成することもプロジェクトの責務であると筆者は考えています。諸事情により、工業化や事業化が行われなくとも、それまでに得られた技術成果は、整理して残されていると、次の時代に別の新規プロジェクトにとっての基盤的技術として利用できたり、開発検討方向の指針となったりすることが少なからず起こっています。たとえ、「失敗に終わった」とプロジェクト外からいわれても、技術成果としての「遺産」を蓄積保存することが必ず次の時代に役立つとの自信を持って総括することがメンバー自身のモチベーション維持にとっても大切であると考えています。

おわりに

　以上、製造業企業における工業化技術開発・事業化プロジェクトについて、筆者の経験から考えたことを記載しました。いつの時代にあっても、新規技術開発は直線的には進みません。プロジェクトの推進においても種々の環境変化など、紆余曲折の経過を辿ることが少なくはないでしょう。しかし、これをおそれていては何も始まらないし、むしろ、様々な障壁・障害を集団的に乗り越えることがプロジェクト業務活動の「醍醐味」ともいえます。いくつかのプロジェクト業務を経験した人たちが、その後、企業内での指導的立場に立つことになる例を数多く知っていますし、何よりも、技術者として自身の信念に基づいて仕事を進められる自信を得ることができます。本節をお読みになった皆さんも、プロジェクト業務に参加できる機会があれば積極的に手を挙げて取り組まれることをお奨めします。

ステップアップのための転出

GLARE コンサルティング合同会社 CEO ／東北大学 特任教授（客員）／
株式会社ブリヂストン G コントローリング課 主査

鈴木　薫

はじめに

　これから就職を考える学生の方々を対象とした本書で、就職後の転出の話をするというのはいささか場違いの感はありますが、今後の長い社会人生活の中でせっかく就職した企業から、いろいろな理由により「転出」するという可能性について今から認識しておくことは、就職先を考える際の思考の柔軟性を広げられるという意味ではよいことなのかもしれません。ここでは「転出」の理由の1つである「ステップアップのため」に焦点を当ててお話を進めさせていただきます。

　ご承知のように、日本企業における年功序列型の終身雇用制度は崩壊しつつあり、それに伴って人材の流動化が進み、中途採用市場も活性化しています。「メンバーシップ型雇用」と呼ばれる、新卒一括採用後の人材育成結果により職務を割り当てる雇用形態から、職務に必要な経験・スキルなどを提示したうえで必要人材を募集する「ジョブ型雇用」と呼ばれる雇用形態にシフトしている企業も増え始めています。こうした傾向は今後も拡大することが予想され、従来のように新卒で採用となった会社で定年まで勤め上げることが当たり前ではなくなりつつある現在、言い換えれば「転出」によってい

くらでも企業や職業を変えることが可能となっている社会で、就職先の選択をどう考えればよいのかを、従来とは少し違った視点から捉える必要があるのかもしれません。

1. 転出とは

「転出」とは、現在籍を置く企業を辞め、転職することを意味します。社会人生活を続けて行く中で、一生の伴侶、家族や友人を得、家や資産ができ、地位や名声を得て守るべきものが増えていくことで、個々人によって会社や仕事に対する考え方も異なってくると思います。

仕事はこうした「自身が守るべきもの」を守っていくための生活の糧を得る手段であり、現在勤めている企業で与えられた仕事、立場を全うし、安定的な収入を得ることで、今の生活環境を維持することが自分にとって最も重要であり、転出などあり得ないと考える人もいるでしょう。

しかし、自分の仕事に情熱を持ち、自身の専門分野の知識や経験に自信があり、研究開発成果に強いこだわりがある人は、在籍企業の研究開発方針や戦略が、自分がめざす方向性と異なり、本来自分がやりたい仕事ができなくなった時点で、それができる新たな組織への転出を考えるかもしれません。また、自身のキャリアアップにこだわりがある人も、年功序列型で出世のスピードが遅く、競争相手が多い、自分がアサインされた業務が会社の重点領域の研究開発分野ではないなどの理由で、思うように出世ができなければ、自身のキャリアアップの可能性が高い組織への転出を考えるかもしれません。どの考え方も間違っているとはいえません。結局のところ、後で振り返ったときに、自身で後悔のない人生を歩めたと思える選択をするのが、その人にとって最善の方法なのだと思います。

私の好きな理論があります。それは、1969年に南カリフォルニア大学の

ローレンス・J・ピーター教授が提唱した、"能力主義の階層社会では、人間はその能力の極限まで出世し、自身の能力の限界を超えて出世した瞬間に無能となる。結果として各階層は無能な組織人員で埋め尽くされるため、組織の仕事は、まだ出世の余地のある人間によって遂行される"という、ピーターの法則と呼ばれている理論です。一見ばかばかしい理論に聞こえますが、直感的な納得感があり、2010年にカターニア大学のアレッサンドリア・プルチーノ教授ほかが、ピーターの法則の裏付けとして、昇進させる人物をランダムに選んだ方が、組織はより効率的になることを数学的に証明したことに対してイグノーベル経営学賞を受賞したことで有名になりました。

　こうした組織課題を打開するための組織戦略のひとつが、外部からその階層に適任な人材を登用する、いわゆる中途採用やヘッドハンティングとよばれる行為です。同じ会社でキャリアを積みながら出世していくにはそれなりの時間と労力がかかります。どんなに能力があっても一足飛びに出世するのは難しい現実がありますが、現在の自分自身のスキル・経験が、他社のより高い地位の仕事を遂行するにふさわしい能力であれば、それを求めている組織への転出で、一足飛びにキャリアアップすることも夢ではありません。

2.　他企業へ転出

　前述したように、他企業に転出する際の理由は多種多様ですが、せっかく転出するのですから自分の人生のステップアップにつながる機会であって欲しいですよね。

　ただ、転出にはリスクもあります。ひとつは、新しい組織、環境で十分必要とされ、実力を発揮できる人間なのか、つまり市場価値のある人間なのかということです。

　もうひとつは、新しい環境で人間関係の再構築が短期間にできるのかとい

うことです。新しい組織で仕事を円滑に進めるためには、自分を信頼して支援してくれる部下や同僚、上司の存在が不可欠です。たとえば、転出前に新入社員のころから自分が築き上げてきた社内の信用や信頼と同じものを、転出先では、転出した年齢で、かつ相応なポジションで、一から勝ち得る努力をしながら、周囲の同僚と同等以上のパフォーマンス出す必要に迫られますので、対人スキルやメンタル的なタフネスさも必要となります。

　転出にはこうしたリスクに対する事前の備えも必要になりますので、単に一時の考えや勢いだけで転出したのでは、キャリアアップにつながらないどころか、転出を後で後悔する、取返しのつかない事態にもなりかねません。転出を考えるなら、必要な経験や専門性を身につけられる仕事のやり方を常日頃から心がけておくことも必要です。

3.　大学への転出

　現在の研究開発から、より学術的な理論や研究を極めたいと考える方がいるかもしれません。その場合、大学に転出し、教鞭を執りながら自身のやりたい研究に従事するという選択肢もあります。しかし、大学教員の公募は通年でありますが、ポスドクと呼ばれる人達が職を求めて殺到する狭き門でもあります。

　学位を取得済であれば、正教授職への応募も可能ですが、そうでないなら、講師や助教といった職位に応募し、大学で教鞭を執りながら、学位論文を書き、正教授を目指す方法もあります。

　筆者は、社会人学生として博士課程に在籍していた経験がありますが、実は博士課程の門を叩いたのは44歳の時、企業のエンジニアとなって20年後のことでした。当時そんな年齢になって、今さら何のために博士課程に入学するのかと懐疑的に思っていた周囲の人たちも多かったと思いますが、私の

大学院入りを勧めてくれた恩師がこう言いました。「私がこの大学の教授になったのは47歳の時。もしこれから3年で博士の学位を取得できれば、私と同じ年齢で大学教授になることだって可能なのだから、決して遅いということはない」と。恩師のいうとおり、筆者と同世代の後輩達が学位取得後正教授となり、現在も活躍しています。筆者は恩師の期待に反し、企業に残ることを選択しましたが、企業人としての実務の傍ら、大学の特別講師や特任教授として教鞭も執っています。自己実現という意味で、こうした選択肢もあるのではと思います。

　大学への転出を考えるなら、志望する大学の教授と懇意になっておくことも必要です。学会や産学連携プロジェクトに積極的に参加し、アカデミアとのネットワークを広げておくのがよいでしょう。筆者も学会での論文発表や、企業の産学連携プロジェクト、所属学会での活動をとおして懇意になった教授から講師や教授職へのオファーをいただくケースも多くあります。

4. 起業による転出

　仕事を通していろいろな人たちと出会い、新たな技術、製品の研究開発機会に恵まれてくると、本当に自分がやりたいことや将来の夢が現実のものとして見えてきて、そのビジネスを自分自身でやってみたいと思う衝動に駆られることもあります。その際のひとつの選択肢が、起業して自身の会社を立ち上げ転出することです。

　米国のサンフランシスコベイエリアはシリコンバレーと呼ばれ、GAFAをはじめとした最先端企業の拠点が点在しています。GAFAも元々はスタートアップとして起業、ユニコーンと呼ばれる1,000億円以上の企業となり、短期間の間に巨大企業へと変貌を遂げています。シリコンバレーでは毎年1万社以上のスタートアップが起業されており、そこには世界中の投資家から資

金が集まります。成功を収めるスタートアップはごく一握りで、ほかのスタートアップは数年内に淘汰されてしまう厳しい世界ですが、自分の夢の実現をめざして起業する人たちは後を絶ちません。

　一方国内に目を転じると、伝統や歴史を重んじる日本文化の中にあって、スタートアップを起業して成功を収めるためには、長年、多くの難しい問題がありました。しかし、近年は政府のイノベーション政策が功を奏し、またオープンイノベーションの潮流もあり、コーポレートベンチャーファンドを組成してスタートアップへの投資を進める大企業も増え、多くの民間企業が積極的にスタートアップとの共創活動に乗り出し始めています。さらに、ベンチャーファンドを中心とした資金調達、国内スタートアップへの投資も活性化しており、過去10年で国内スタートアップの資金調達額は10倍以上、年間8,000億円に迫る規模となっています。こうした背景の中で、夢物語であった起業という選択肢が現実のものとなってきています。もちろんシリコンバレーの例にもれず、国内のスタートアップの成功確率も高いものではありません。しかし、そのリスクを背負っても自身の夢実現に向けチャレンジをする意思があるなら挑戦してみてもよいかもしれません。

　起業して会社を設立すること自体はそれほど難しいわけではありません。筆者のように企業人でありながら、大学発スタートアップを起業し、副業として事業経営をするという方法もあります。平成30年に厚生労働省が策定した副業・兼業の促進に関するガイドラインを、令和2年にルールを明確化するために改訂、政府主導で副業を推奨している昨今、副業を認める企業も増え始めていますので、こうした機会も今後ますます増えるのだと思います。

おわりに

　ステップアップのための転出と題して、他企業、大学、起業による転出について書かせていただきました。これから企業に就職される学生のみなさんは、読み始める前、今から転出のことについてどうこう考えることに何の意味があるのかと思われたでしょうが、将来のキャリアップにつながる方法の最初のステップとして就職先を見ることで、就職先の選択肢の幅が広がる一助になれば幸いです。また、将来転出する可能性を残すためには、目の前の業務に対してどの様な姿勢で臨み、市場価値のある人間に成長すべきかの示唆になればと考えます。

私のキャリア①

仲間と歩んだ企業研究
30年のキャリア

株式会社カネカ Material Solutions New Research Engine
所長　小澤　伸二

はじめに

　大学院生としての研究生活を終え、企業へ就職して第2の研究人生のスタートを切ってから30年近くが経とうとしています。大学（院）と企業での研究の違いに焦点を当てながら、企業におけるこれまでのキャリアを振り返り、事業化できた2つの研究テーマを紹介したいと思います。

1.　企業でのキャリアを振り返る

　入社後、最初に配属されたのは前年まで"中央研究所"だったコーポレート研究所（入社時に神戸研究所へ改組）でした。現在までの約30年間、そのほとんどの期間はコーポレート研究所に所属し、研究や企画を行ってきました（図1）。個人的に印象深いのは家族帯同での2年間の海外留学（米国）ですが、会社人としての私に大きな影響を与えたのは経営企画部および研究管理部での2年間、事業部で研究を行った3年半です。

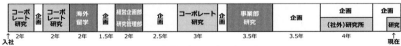

図1　企業における私のキャリア

海外留学から帰国し、研究・企画を行っていた私にとって、経営企画部への異動辞令はまさに青天のへきれきであり、研究人生に終止符が打たれた（と感じた）瞬間でしたが、結果として企業キャリアの中でも最も重要なステップの1つとなりました。経営企画部では社長スタッフの一員として、中期経営計画案の策定、事業部の業務・損益チェック、社長提案の審査等を行い、会社がどのような仕組みで動いているかを知ることができました。企業研究の目的は製品・サービス等の顧客(市場)価値を生み出すことであり、これを企画段階、研究初期から意識する必要があります。そのためには研究が分かるだけでなく、自社でどのように事業活動を行っているか、研究のゴール（事業化）ではどのようなことが行われているかを知らなければならないと痛感しました。

　また経営企画部時代に事業部長をはじめとする事業部メンバー、本社スタッフ等、研究所とはまったく異なるタイプの人たちと出会うことができたのは貴重な経験となりました。事業部の会議では、リーダー層が事業部長に報告・提案するのですが、事業部長（トップ）が何を言うか、どういう反応をするか、自分だったらどうするかを考えながら、事業部長の言動に注目していました。これはとてもよい勉強になり、自分がマネジメントをする立場になった際の参考になりました。

　しかし本社スタッフとしてだけでなく、事業部（現場）の人としても事業を経験したいと思うようになりました。そこでコーポレート研究所に戻ってから、事業部の研究グループへ異動したいと研究所長に訴え、数年後にめでたく異動することができました。事業部の研究グループでは、現業テーマではなく新しいテーマを企画・立ち上げる立場ではありましたが、現場の事業活動を肌で感じ、研究メンバーだけでなく開発・営業・製造・品質保証等の人たちと一緒に仕事をすることができました。

2. 事業化できた研究テーマ

　これまでに担当した研究テーマの中で事業化に至ったのは3つあり、その中でも2つのテーマ（仮にAテーマ、Bテーマと略す）は特に印象に残っています。Aテーマはコーポレート研究として、Bテーマは事業部研究として携わり、いずれも事業化手前まで研究として関与することができました（表1）。

表1　事業化したテーマまとめ

	Aテーマ	Bテーマ
テーマの出発点	顧客との共同企画	顧客からの要請
当初顧客	国内1社	海外1社
事業化までの期間	10年以上	約4年
携わった時期	事業化手前の研究	テーマの最初から事業化手前の研究

　A、Bテーマともにテーマ初期から顧客と一緒に取り組んだことが特徴で、顧客の顔が見える（顧客と直接やり取りする）研究テーマでした。また既存事業の新規グレード開発ではなく、これらテーマは全く新しい製品を立ち上げるものでした。次々に発生する技術課題をスピーディに解決しなければならないという社内および社外（顧客）からのプレッシャーは半端なく、「今週中に！」とか、「どんなに遅くなっても今日中に！」といった状態であり、すべてが苦労の連続でした。しかし事業化できた後、思い出すのは一緒に苦労した社内・社外の人たちの顔、怒ったり笑ったり泣いたりした人たちの顔です。大学での研究よりもずっと多くの人に助けられ、一緒に仕事をして、喜びを共感できるのも企業研究の特徴だと思います。

3. 学生のみなさんへ

　大学での研究（修士・博士）、企業での研究を経験した私から学生のみなさんに伝えたい（期待する）のは、次の2点です。①言われたことをやるだけではなく、自分で考えられるようになって欲しい、②基礎学力、専門性をしっかり身につけて欲しい（しっかり勉強して欲しい）。ただし、人間の幅を広げ、正しい倫理観を育むためにも余裕、ムダ、遊びも大事なことです。

おわりに

　企業が生み出し、提供する"価値"と大学視点での"価値"は違うものです。しかし企業に就職して研究するにしても、大学等での研究を続けるにしても、"価値"を追い求め、"価値"ある研究をして欲しいと思います。

私のキャリア②
いち技術屋からの
メッセージ

AJS 株式会社 ICT イノベーション事業部
（元 旭化成株式会社 上席理事 兼 富士支社長）加藤　仁一郎

はじめに

　私は高校時代から有機化学に興味があり、大学では有機合成化学系を学び、1985年に大学院修士課程を卒業しました。その後、旭化成工業(株)（現：旭化成(株)）に入社し、繊維開発研究所（当時）に配属となりました。繊維製品は、原料ポリマーの合成、繊維化、織物や編物などの布帛化、染色、縫製など、多くの工程を経て製造されますが、この研究所はポリマーから繊維製造技術までの開発をしていました。私は研究開発志望ではありましたが、対象が繊維ということで当初「古めかしいな」と感じながらも有機合成をどのように活用しようかと日々考えていたのを思い出します。ポリマー設計に特徴を出し、繊維化技術の基盤となる高分子固体構造論を一から勉強し、進化させて、新繊維の開発を進めました。繊維開発に携わっている間、所属の変動はなく、新入社員から所長までの約24年間、49歳で転勤するまで、その場所で過ごすことになりました。自分が開発責任者となった事案が事業化するのは実に爽快であります。また、繊維が多くの機械に巻き取られる光景は壮観で言葉になりません。自分の開発から作られた繊維製品が百貨店や通販で売られているのも研究開発者冥利に尽きます。妻にその服を

買ってあげたこと、オリンピックの様々な選手のウエアに使用されたことも
よい思い出となっています。

　その後、知的財産部長、研究開発センター長、基盤技術研究所長、上席理
事(兼)富士支社長を経て、2022年3月に37年間勤めた旭化成(株)を離れるこ
ととなりました。途中、東京工業大学、東京農工大学での講師、各種団体の
役員の経験を経て、現在もJSTのアドバイザーや、各種執筆、講演など、研
究開発や知的財産に関係する実務やマネジメントを今日まで継続できている
ことをたいへん幸せに思います。そして現在、IT会社のマネージャーとし
て、新たな技術者人生を開始したところです。

1.　化学メーカーの研究開発で大事なこと

　メーカーの開発について、具体的なイメージがわかない方も多いかと思
います。新しい製品を作り上げようという気持ちと、自分にできるのであ
ろうかという気持ち、希望と不安が入り混じっているのではないでしょう
か。一先輩より、メーカーで研究開発を志す学生のみなさんに、今すぐに
実践できる、学生時代から訓練できるアドバイスを3つだけお伝えしたい
と思います。

1.1　しっかり勉強、実験をやっておくこと

　大学時代には、勉強、実験をしっかりやることが必要です。遊びに重きを
置く人は、まず研究開発には向きません。研究開発では相手は世界であり、
その中で1番を取る必要があります。若いうちに「自分はこの分野では誰に
も負けない」といえるくらいの結果を出しておく必要があります。分野に関
係なく、一つ自分の軸ができれば、その軸を武器に研究開発を行え、その過
程で新たな領域への取り組み方も習得できます。メーカーで研究開発に従

事し、それを事業化するためには、得意分野だけでなく様々な領域での知識、経験が必要となります。様々な分野に興味をもち、素早く行動を起こす能力も大事な要件となります。専門分野やその周辺領域の知識に加え、語学力、基礎的なデジタル技術力も必須となります。

1.2　いろいろな人と共同で仕事ができること

　開発から事業化を成し遂げるには、一人の力では不可能です。上司、研究開発メンバー、設計・建設メンバー、用途開発メンバー、営業、共同研究・開発メンバーなど、社内外の数多くの人と共同して初めて事業化は達成されます。苦手な分野にも数多く直面するでしょうが、その全部を自分一人で対応してはいけません。自分が苦手な分野を得意とする人は世の中には数多くいるもので、得意な人の力を借りれば課題はあっという間に解決します。自分がやるべきことをしっかり理解し、仲間を大切にして、一緒にスピード感をもって仕事をする姿勢が重要です。もしかしたら、その協力者は海外にいるかもしれません。

1.3　PDCAをしっかり回せること

　研究開発に限らず、どんな仕事でも、PDCA（Plan−Do−Check−Action）サイクルをしっかり回すことが必要となります。目標を明確にし、しっかりとPDCAサイクルを回すことで、不要な議論を排除し早く目標を達成することができるようになります。計画立案では大目標から小目標までを明確にし、なすべきことをできるだけ絞ることが重要です。計画段階から、結果のまとめ方やグラフや表のフォーム（どういう物性値や比較を取るのか）を決めておくとよいでしょう。そうすれば抜けがなくなります。また、得られた結果をしっかり研究開発メンバーと共有し、これまでの方向でよいのか、

修正するべきかどうかを検討することが非常に重要となります（Checkと次のAction）。学生時代はそれほど意識しないかもしれませんが、PDCAサイクルをしっかり回すことができるかどうかが、研究開発推進の大きなポイントです。とくに、研究開発リーダーには、その推進力が必須の要件となるでしょう。

おわりに

　企業で研究開発に長年携わっても、事業化に直接貢献、関与できずに定年を迎える人も少なくありません。現実には、運に左右されることも多いでしょう。将来の夢を実現するためには特効薬はなく、地道に努力を積み重ねることが一番の近道となります。強い信念をもって、新しいものを世に出すという強い気概と努力が困難な道を切り開いてくれると私は自分の経験から確信しています。その努力を積み重ねた人にのみ、運も初めて味方になってくれるのではないでしょうか。

私のキャリア③
研究者から出発して
キャリアを広げる

元 中外製薬株式会社
三輪 光太郎

はじめに

「医療用医薬品」といっても馴染みのない方が多いかもしれません。病気をして、病院や診療所で診てもらったときに処方される薬です。

私は大学、大学院で化学を専攻し、分子分光学分野の研究で修士号を取得して、中外製薬株式会社という製薬メーカーの研究所からキャリアをスタートさせました。その後、他社に転職することなく60歳近くまで勤務し2015年に役員を最後に退任しました。企業で研究に携わったのは最初の10年ほどでしかなく、その後は経営企画、人事、サプライチェーンなどの部署でマネジメント職として仕事をしてきましたが、大学・大学院で化学を学んだこと、研究所で新薬の研究開発に取り組んだことが、その後のキャリアにも大いに役に立ったお話をしようと思います。

1.「産業」としての医薬品

読者のみなさんの多くは若くて健康なので、医療用医薬品のお世話になる機会は1年に1度あるかないかでしょう。しかし、人は高齢になれば、様々な疾患を抱えて毎日何種類もの薬を服用したり、時には入院して何日も点滴

を受けるなど、医薬品のご厄介になる機会が増えてきます。

医療用医薬品の市場規模は全世界で約１兆3,000億米ドル（2020年）といわれており、トヨタ自動車の世界での年間売上2,549億米ドル（2021年3月期）と比較すると、決して小さな規模の産業でないことがわかると思います。

先進国では人口減少が進みますが、高齢者が増えていきます。一方、人口が増加する途上国では、国民所得の向上に伴い医療ニーズが高まっていきます。世界の医療用医薬品市場は今後も拡大し、医薬品産業は将来にわたって成長が期待できる産業です。

2. 「研究開発」が生命線の医薬品産業

個々の医療用医薬品メーカーの業績は、「画期的新薬」を生み出せるかどうかにかかっています。「画期的新薬」とは今まで有効な治療法がなかった疾病に対し、治療成績の飛躍的な向上をもたらす新薬です。がん、認知症など治療満足度の低い疾病は医学が進んだといわれる現代でも数限りなく存在し、製薬メーカーの研究テーマは尽きることはありません。

3. ドラッグデリバリーシステム

新薬を開発するにはまず疾病の発症と進行のメカニズムの急所を見つけ、これに作用する分子を設計しなくてはなりません。他の研究者に負けない効果を持った分子を選ぶ必要があります。

分子が決まったら、それを病気の原因が発生している場所に正確に届けなくてはなりません。多くの薬は血流にのって全身に運ばれますが、患部に到達する前に分解されたり代謝されたりして本来の効果を失ったり、生体膜に阻まれて患部に辿り着くことができないことが多くあります。その障害

を乗り越えるのがドラッグデリバリー（薬物送達）システムです。私は、研究所でこのドラッグデリバリーの研究をしていました。コロナワクチンの成功は不安定なメッセンジャーRNAを保護しながら細胞内に送り届けるドラッグデリバリーが決め手になったといわれています。私の40年前の研究はずっとプリミティブで、飲み薬の副作用を抑え効果を最大化するために、錠剤が服用後に胃から小腸に移動していく過程での薬の放出を添加剤や高分子膜によって制御し、小腸から吸収されて血流に入る薬の量をコントロールすることをめざすもので、様々な錠剤を試作し、実験動物に投与して血液中や尿中の薬の濃度を経時的に測定することで薬の体内での動態を評価していました。化学専攻で学生時代はフラスコと分析機器とコンピューターが研究の道具でしたが、動物実験を経験してみると生体というものが、種差や個体差はあっても、驚くほど普遍的な機能を有していることが理解でき、新薬研究にますます興味を惹かれるようになりました。

4. 新薬開発は総合力、その力を高めるための活動に注力

　新薬開発はその国の総合力が試される分野といっても過言ではありません。医学、生物学、化学等の基盤と莫大な開発費用をファイナンスできる資本市場が整っていなくてはなりません。

　私は、研究所から経営企画部に異動した後、業界団体の一員として、製薬産業が活動しやすい諸制度を整備するよう政界・官界に働き掛ける仕事をしていた時期があります。新薬開発のことを知る政治家や官僚はほとんどいませんでしたが、研究所での研究体験も踏まえて新薬開発の説明をすることで、多くの方々に、製薬は知識集約型の産業であることをご理解いただき、薬の承認審査の改善や研究開発促進税制の実現などに役立つことができたのではないかと思っています。

また、人事やサプライチェーンを担当しているときも、企業の核にある研究開発全体の流れを掴んでいることが大いに役に立ちました。

おわりに
　一つの新薬を世に出すためには膨大な資源（人材、設備、費用、情報）が必要です。これらの資源をフルに活用して画期的な新薬を創出できるかどうかが企業の死命を決することになります。製薬企業のマネジメントの中枢を担うに人たちにとって、企業価値の源泉である研究開発を若いうちに経験することは非常に有用だと思っています。

私のキャリア④

研究開発を基軸とした
食品企業でのキャリア

キユーピー株式会社 取締役 上席執行役員
東京農工大学 客員教授　濱千代　善規

はじめに

　私は現在、食品企業、キユーピー株式会社の取締役として、研究開発、知的財産とファインケミカル事業を管掌し、研究開発本部長として組織運営を行っております。入社後、約20年間、ヘルスケアやファインケミカル（以下FC）領域の研究開発に携わった後、特許や商標の知的財産実務に携わってきました。そののち執行役員研究開発本部長としてR&Dのトップマネージメントに就き、取締役として会社経営に携わっています。私の経歴と経験談をお示しいたしますので、R＆Dを主軸にキャリアを考えられているみなさまの参考になれば幸いです。

1.　研究開発実務 〜新領域への挑戦　病態食、介護食、ファインケミカルの研究開発〜

　私の専門は薬学であり、当時抗癌製剤である、卵黄リン脂質を使用したリポソームによるドラッグデリバリーを研究していた関係で、原料提供先のキユーピー(株)への入社の縁となりました。当時は薬学で食品企業に進む例は多くありませんでした。私もてっきりFC領域での研究を担当するかと思っていましたが、配属はヘルスケアフードの開発となり、いささか驚きを隠せ

ませんでした。それから約20年間、経腸栄養剤や病態食、咀嚼嚥下困難者向けの介護食の開発に従事し、一時期FCで卵白蛋白質の機能性研究に就きました。多くが初めての挑戦であり、会社には経験者のいない環境での研究開発でありました。とにかく病院や高齢者施設に足を運び、現場で学ぶことにより、また社内外の仲間を巻き込むことで、世界に先駆けた新しい経腸栄養剤や、介護食ビジネスと介護食品協議会設立など、新規領域の展開につなげることができました。ここで学んだことは、「未知の領域への挑戦は、失敗を責任転嫁することができず、自らの覚悟と責任のみによって成し遂げられる」ということでした。私は、主流のマヨネーズやドレッシングの実務は一度も経験することがありませんでした。

2. 知的財産実務 〜特許、商標実務から、経営に資する知財戦略へ〜

　介護食事業が波に乗り、産業界のみならず学会や医療、介護従事者との関係が深くなり、これまで得た知見や経験を、社会に貢献していこうと志を抱いた矢先、知的財産室への異動を言い渡され、さすがにショックを隠せませんでした。特許は、研究開発にとって極めて重要であることは頭でわかっていましたが、自分がその業務に就くことに抵抗がありました。しかし、特許はコア事業であるマヨネーズをはじめ、食品事業、FC事業から基礎研究領域に至る全領域を担当するため、これまで実に狭い領域でしか経験してこなかった自分が、会社の全技術領域を学べる機会となりました。特許業務で興味をひかれたのが契約と交渉です。もちろん訴訟に発展する係争につながることもありますが、それを機に国内外の利害関係者との交渉により、新たな関係性を築くことができることを知りました。中国の製薬企業とは、最初は知財訴訟で争い、最後には実に友好的な和解ができ、現在ではかけがえのないビジネスパートナーとなっています。特許のみならず、アメリカで100年間

継承された"kewpie"の商標権を譲り受けることに成功しました。当初の交渉は先方も警戒感より万全の法務アドバイザリー体制で対峙することになりましたが、交渉の末、両者に信頼関係が生まれ、自国で100年の歴史のある知的財産を、外国である日本の我々に託していただけました。中国の特許交渉も、米国との商標交渉も実にハードネゴシエーションでありましたが、成功の鍵は、弊社の社是「楽業偕悦」にあると信じます。これは困難な環境でも同じ志を持つ仲間が、業を楽しみ、成功の暁には皆で悦びあう、という教えで、経営の揺るぎないバックボーンであります。全く価値観や環境の異なる外国の企業においても、根気よく理念を説明し、理解いただけたことが交渉の成功につながったと信じます。知的財産業務は、特許や商標権で他者をけん制するのみでなく、このように知財戦略権を駆使することにより、事業戦略や経営戦略に大きく貢献できることを経験し、現在もさらなる進化と発展をめざしています。

3. 組織経営、事業経営、会社経営

　その後、執行役員として研究開発本部長の職務に就きました。キユーピー全体の研究開発を推進する立場となり非常に重責を実感しました。これまで医療、介護食といった実に狭い領域しか経験のない自分が、全ての領域の商品や技術の方向性を決め、責任を負わなければなりません。食品企業特有の、風味、品位の最終決裁も自分の役目となります。ここでも、知的財産業務を通じて、広く、深く経験した技術経験が役に立ちました。

　そして、取締役として、研究開発や知的財産を管掌する傍ら、事業を担当する経験を得ました。担当するFC事業は、医薬領域の技術研究に根ざすところが大きく、比較的親和性会社があったものの、経営数字の責任を負う経験は初めてで刺激的でしたが、会社における存在意義を示すうえで

貴重な機会となりました。

　このように、トップマネージャーとしての立場で率先して行ったのが風土改革です。挑戦する風土、助け合い、高め合う風土を醸成することに尽力しました。かつて、挑戦の機会を与えていただき、失敗を恐れない覚悟を教えていただいたことへの感謝の表れです。

おわりに

　これまで、R＆Dを基軸とした業務に一貫して携わることができていることは、感謝の念に堪えません。現在は技術を総動員し、「ヒトの健康、地球の健康」の実現に貢献していきたいと、その意志を表明しております。「一人ひとりの健康に向き合い、持続可能な地球環境に貢献する。そして未来の食生活を創造することで、人々のWell beingの実現に寄与していく」ことをめざします。

私のキャリア⑤
博士号取得までの道のり

株式会社日立製作所
研究開発グループ ヘルスケアイノベーションセンタ
宮崎　真理子

はじめに

　時が経つのは早いもので、日立製作所に入社してから早16年の年月が過ぎました。この間、研究者として大小様々な経験をし、自分なりのキャリアを形成してきました。キャリア形成は十人十色、みんなそれぞれ違いますが、企業研究者のキャリア形成の一例として読んでいただき、進路決定への一助になれば幸いです。

1.　学生時代

　大学、大学院時代は、筑波大学で理論物理を専攻していました。修士論文の研究テーマは「乱流の統計物理」。博士課程に進学するか迷いましたが、自分の研究成果を製品として世に送り出すことを夢見て、修士課程修了後に企業に就職することを決めました。物理学専攻は企業への就職が不利といわれていますが、幸運にも、物理学の幅広い素養をもった人材を求めていた日立製作所とご縁があり、入社が決まりました。

2. 入社直後

　2006年4月に日立製作所に入社し、機械研究所に配属されました。同じ配属先の同期は23名で、そのうち5名が女性でした。女性を積極的に採用する動きが高まっていたとはいえ、女性はもっと少ないと思っていたので、これだけ同期の女性がいることに感激しました。やはり同期の女性というのは話しやすく、新しい生活に馴染む上での大きな助けとなりました。ちなみに、この5人、全員が結婚・出産を経て現在も日立製作所で研究を続けています。研究のこと、家庭のこと、困ったときにいつでも相談できる良き仲間であり、戦友です。

　研究に話を戻しますと、入社直後は、第一原理解析、分子動力学、流体解析といった異なるスケールのシミュレーション手法を用いて材料特性を解明する研究に取り組みました。右も左も分からない私に、先輩社員が、研究の立案から研究の進め方、学会発表や論文で研究をまとめるまで、研究者としての基礎となるスキルを丁寧に指導してくれました。目に見える成果として、学会発表や学術誌への論文投稿ができたことは自信となりました。

3. 入社4年目以降

　入社4年目の2009年に結婚し、2012年と2014年に長男と次男を出産。それぞれ約1年間育児休暇を取得しました。2015年に次男の育児休暇から復職した後は、生物模倣（バイオミメティクス）という研究を担当することになりました。バイオミメティクスは、進化によって最適化工程を経てきた生物の機能を人類の工学系に取り組むことで、サステイナブルな技術体系を構築する研究です。「サメ肌水着」といえば皆さんピンとくるでしょうか？具体的には、サメの体表を覆う微細なウロコの形状を利用して、流体機器の性能を向上させる研究に取り組みました。この研究では、国家プロジェクトや

共同研究も行い、社外の研究者とも仕事をする機会に恵まれました。このことは、研究者としての視野を広げたり人脈を広げる貴重な経験となりました。

4. 博士号取得

　バイオミメティクスの研究を始めてから約1年後に、一緒に研究を行っていた上司から博士号取得を勧められました。入社以来博士号取得の思いはありましたが、この時はまだ子供が小さいこともあり、できるかどうか不安が大きく、しばらく悩みました。しかし、これを逃すともうチャンスは来ないかもしれないと思い、博士号取得をめざして、上司から紹介してもらった千葉大学の劉浩教授にお世話になることを決めました。

　2016年10月に千葉大学に入学した後は、1か月に1回程度研究室のゼミに参加しながら、バイオミメティクスの研究について学術誌に投稿する論文をまとめました。私の場合、業務で行っている研究を論文にまとめればよかったので、大学に在学しているという負担は比較的少なかったですが、それでも、小さい子供を抱えて時間が限られている状況で論文を執筆するのはかなり大変でした。劉教授の多大なご指導、ご尽力のおかげで、約1年半をかけて学術誌に2本論文を投稿し、それから、入学前に投稿したものも含めて、学術誌に投稿した論文をすべてまとめる形で博士論文を執筆しました。結果的に、博士課程に入学してから2年後の2018年9月に博士号を取得することができました。

　博士課程在学中の思い出として、国内外様々な場所に行ったことがあげられます。国際学会でフィリピンのセブ島を訪れ、講演の合間にリゾートホテルのプールで泳いだり、サメの体表を観察するために、共同研究の縁で沖縄の美ら海水族館に行き、現地で引き揚げられたサメの皮を剝いで持ち帰った

ことは、楽しい経験でした。一方で、一緒に過ごす時間が少なくなり、寂しい思いをさせてしまった息子たち、ごめんなさい・・・。

5. その後

　博士論文の研究は、現在も学会での招待講演や書籍の執筆を依頼されることがあり、ありがたい限りです。社内の研究としては、バイオミメティクスの研究以外に、体外診断装置や半導体検査装置の開発に係る研究を行っています。また、主任研究員という立場になり、チームのマネージメント業務にも励んでいます。現状に甘んじることなく、今後も自己研鑽を続け、研究者として成長していきたいと思っています。

おわりに

　私の研究者としてのキャリアを足早に振り返ってみました。私自身、入社前に研究者としてめざす方向が明確にあった訳ではありませんが、入社以来、社内外の多くの方々との出会いに恵まれ、ご指導いただくことで、徐々にそれが明確になってきました。結果として、研究成果を論文にまとめ、博士号を取得することができ、公私ともに充実した16年間でした。若い学生の皆さんにも、楽しく研究を続けながら、めざす方向や夢を見つけていってほしいと切に願っています。

私のキャリア⑥

自分が信じるものを大切にし、やりたいことを明確にして仕事を楽しむ

山根健オフィス（元 BMW 株式会社）山根　健

1.　解説編

　大学、大学院時代に自分は何がやりたいのか、それには何が必要なのか、そして自分の強みは何かといった自分探しをしました。エンジニアになりたくて工学部に入学、ハードウエア・システム全体を把握し得ると考える航空機や自動車用のエンジンの開発に携わることを目標とし、熱力学や機構学、構造力学といった主要科目のほかに、機械設計製図、機械工作（旋盤などの工作機械や、溶接など）に力を入れ、自動車関係の論文（英語、ドイツ語）を図書室や国会図書館で探し、最新の情報に触れることに力を入れました。卒業論文で高評価をいただいた結果、修士研究は自分のやりたいテーマを提案し、実施できることとなりました。

　就職は、希望の会社、希望の部署に入ることができましたが、修士時代の研究をそのまま続けたいという希望はあっさり没になってしまい、当時、喫緊の課題だった排出ガス対策研究を命じられました。設計し、実験データをまとめる仕事をする中で、社内ネットワークを作ること、資料室に相談して翻訳することを条件に最新の文献を取り寄せてもらったりして、次に自分がしたいことを明確にしていきました。入社時から1期先輩の方と親しく

なり、共に成長することを誓い、1～3個の尖った専門とそれを支える10～20個の知識・能力取得が必要ということで、先ずは二人で一緒に英会話を研鑽することとなりました。

　新規プロジェクトを提案した当初は相手にされませんでしたが、その後、承認され商品化まで進んだうえ、海外留学のチャンスも与えられました。さらにはレース部門でエンジン設計に携わることもできました。20年間、国産メーカーでの勤務の後、ご縁があって海外メーカーに転職、車両全体の開発、エンジンの開発に携わりました。学生時代から磨いてきた語学が活きたと考えています。入社時に、私的にもモータースポーツに関わることを契約条件に入れてもらいました。このモータースポーツ活動により仕事とは全く別のネットワークを作ることもできました。

　海外メーカーでは19年間の正社員および5年間の契約社員として本国と日本を行き来して開発を行ってきました。

2.　経験編

　日産自動車に就職した1975年は、オイルショック後の不景気で採用が半減した時代で、就職難の一方で入社社員が少ないこともあり、配属は売り手市場であり、多くの部署から誘われましたが、希望した機関研究部に配属され、当時、最重要課題だった排出ガス（昭和53年（1978年）規制）対策に取り組みました。入社時の希望だった「減速エネルギーを蓄えて加速に使う」研究は相手にされずに没。排出ガス対策研究のスタッフとしての仕事が1年弱で完了した後に命じられたのは、某大学と共同で新方式エンジンの研究。このエンジンについては、すでに学生時代に調査して、何をどうやっても自動車には適用できない（熱力学的にも、工学的にも）確信があったのですが、サラリーマン的にとりあえず着手、一方で自動車大好き人間としては、

排気ガス対策で大幅に動力性能が低下したクルマに活を入れることこそ自分がなすべきことと考え、帰宅後には様々な文献（日本語、英語、ドイツ語）を読み、3か月で「ターボチャージャーと過給エンジン開発」企画書を作成して上司に提出、半年ほど放置されたころ、突然企画が通ったと担当を命じられました。実験現場を担当するスタッフも指名させてもらえ、思う存分開発を行うことができました。さらにはヨーロッパの技術を学ぶとともにネットワークを作るために2年間の留学もさせてもらいました。留学するにはTOEFL540点が必須でしたが、高校時代の厳しい指導、入社してからの英会話研修や海外文献調査に励んだことが役に立ちました。

　日産自動車が本格的に「ルマン24時間レース」用のエンジンを開発することを決めた1987年、その開発チームの取りまとめに指名され、エンジン設計、実験、レース現場での日、米、欧のドライバーやレースチームとの調整などを行いました。エンジンの小物部品の設計、その製造現場での打ち合わせからレースの現場でのデータ解析や作戦立案まで、充実した仕事をすることができました。

　目標だった優勝を果たせずにルマンプロジェクトがいったん打ち切られ、量産車開発へ戻ったときに、ご縁があって、日本向けの仕様を本格的に開発するとともに、日本の自動車メーカーとの情報交換を活発に行う要員としてBMWに転職することになりました。次世代モデルの企画参加、試作車の日本での評価試験、日本の自動車技術情報発信が当初の業務、一番のハイライトは夏の都心と山岳路での運転性評価試験で、開発部門のトップ7～10人と新型車の開発責任者が来日して約1週間を共に過ごすので、それぞれの方と親しくなることができ、意見交換をすることができました。5年間はパワートレイン開発部門のメンバーとなって新型エンジン（Valvetronic、直噴、過給、水素）、その後レース用エンジン（F1を含む）の開発に関わらせて

いただきました。子供時代からの夢が実現したのです。

　定年後も引き続きBMWに再雇用していただき、電気自動車の日本導入プロジェクトに参加する傍ら、GTレースのテクニカルダイレクター、エアレースのエンジン担当、耐久レースのチーム監督などレースにもかかわり続けています。これらは、会社に所属していた時代に仕事を通じて、また、前職など、様々なつながりから築いたネットワークが活きたものと考えています。

私のキャリア⑦

研究職としてのキャリアを考える
～ Will-Can-Must ～

株式会社 LIXIL Technology Innovation 本部 環境技術開発部

井須　紀文

はじめに

　Covid-19によるパンデミックの影響によって社会のDX化が急速に進んでおり、テレワークや企業の本社部門の東京からの移転など働き方に変化が起きています。雇用形態についても、これまで日本で一般的であった終身雇用や年功序列を特徴とする「メンバーシップ型雇用」から、資格や経験などのスキルを重視し成果物が評価に直結することを特徴とする「ジョブ型雇用」へと転換する動きが徐々に始まっており、これまで以上に個々人のキャリアデザインが非常に重要となっています。本稿では個人の経験に基づいたキャリアの作り方について述べたいと思います。

1.　大学・大学院時代の専門性

　筆者は大学・大学院時代に火山岩を主とする岩石学を学びました。専攻に岩石学を選んだのは、幼少期に実家からそう遠くない尾小屋鉱山でズリ（鉱石として価値がない岩石類）の中から探し出した黄銅鉱など天然鉱物の美しさに触れたり、手取川の河原で転石の中から探し出した白亜紀のシダなどの化石の不思議さに触れたりした体験の影響が大きいと思います。そのまま

大学院博士課程まで進みましたが、縁あって中退し、軽量気泡コンクリート製品を製造・販売する会社に就職しました。一見すると企業の製品と岩石学は直接的に関係がないようにみえますが、製造過程を分子や原子レベルまで要素分解していくと類似性がみえてきます。火山岩はマントルなどの地下物質が溶けて、地下に溜まり、発泡しながら地表に噴出し、再度固化するというプロセスを経ています。一方、軽量多孔質コンクリート製品は、セメントの水和反応とアルミによる発泡反応を組み合わせて多孔質な一次成形体とし、それを高温飽和水蒸気圧下で珪石とセメント水和物を溶解・反応させて固化しています[1]。つまり、温度や圧力条件は異なるものの、モノが溶けて固まるという現象には類似性があるのです。

　読者の皆さんの専攻分野も同様で、分子・原子レベルの視点まで要素分解していけば、必ず何かの類似性がみいだされるはずです。その意味で、大学・大学院での勉強は、キャリア形成の原点であり、人生の大きな資産となるので、基礎学力をしっかり身につけておいてほしいと思います。

2.　企業に入ってからの専門性

　企業に入ってからはさまざまな課題を担当していきますが、先に述べたように読者の皆さんが大学・大学院で身につけた専門性は必ず役に立ちますが、それだけでは解決できないことも多くあります。モノづくりは分子・原子レベルの反応設計から始まりますが、それを実際に大量生産するにはメートルサイズの反応容器が用いられており、10の9乗以上のスケールギャップがあります。設計したナノメートルサイズの反応を、メートルサイズで均質に制御するためにはいろいろな専門知識が要求されます。そのため、実践を通して必要な知識を身につけていくことになりますが、大切なのはいろいろな分野に挑戦する好奇心と積極性です。多様な技術分野に触れることは、

自分に合う技術分野を探すために有益であるだけでなく、専門性の軸を増やしていく（いわゆるπ型）ことにもつながります。

　筆者の体験談にはなりますが、諸先輩方に助けられ社費で社会人ドクターコースに進学させていただきました。そこでは、テーマの水熱反応の研究だけでなく、オートクレーブなどの実験に必要な装置設計やPID制御なども実践し学びました。そこで得たプラントに関する基礎知識がその後の業務に役に立っています。

3.　キャリアデザイン

　ある程度経験を積んだら（積まなくても可能ですが）、将来の自分を考えるキャリアデザインを行うことをお勧めします。いろいろなツールはありますが、Will-Can-Mustの3項目に分けて考えると整理しやすくなります（図1）。Willは「自分がやりたいこと」、Canは「自分がやれること」、Mustは「所属組織のミッション」として現状分析を行います。3項目の重なりが大きい場合は非常に良好な状態にあるといえますが、重なりが小さい場合はそれぞれの項目に何が足りないかに気づくきっかけになります。さらに、現在から3年後や10年後という時間軸を入れてキャリアを考えていくとよいでしょう。「所属組織のミッション」と「自分がやりたいこと」の間に大きなギャップがある場合は、配置替えや転職などを考えてもよいと思います。将来への選択肢は多く不確定ではありますが、経験の積み重ねや人との出会いによってWillは変わる可能性が高く、その意味でも、少なくとも1年ごとに職歴書も含めてアップデートすることをお勧めします。

　筆者は社会人ドクターを修了後、工場技術課や、工場廃材を炭酸ガスで固化して製造する調湿建材の技術開発・商品化まで携わった後に、環境技術を志して転職しました。転職のきっかけとなったのは、社会人ドクターコース

図1　自己分析ツールの一例

時代に築いた研究ネットワークでした。振り返ると、いろいろとチャレンジした結果だと思います。

おわりに − 専門性以外に大切なこと −

　これまで専門性という視点でキャリアデザインについて述べてきましたが、専門性以外にも大切なことは多くあります。個人的な経験で非常に重要だと感じているのは「ホスピタリィ」です。一人でできる仕事には限界があり、多様な専門性や役割を持つ仲間と協働で課題に取り組むことの方がはるかに多いのが現実です。多様な人材で構成されるチームが一丸となり高い視座をめざすには、お互いに信頼・支え合うことが重要です。産官学が連携した大きなプロジェクトでは、非常に高いホスピタリィをもつリーダーの存在が欠かせません。以上、個人の経験をもとにキャリアデザインについて述べてきましたが、読者の皆さんが将来を考えるうえで一助となれば幸いです。

参考文献

1）井須紀文、"オートクレーブ気泡コンクリート"、笠井芳夫編、軽量コンクリート、技術書院、p.188-202 (2002)

第**6**章

新たな
キャリアへの
ステップアップ

私のキャリア　転出編①

学から産へ、そして社会課題へ

三井化学株式会社

福田　伸

はじめに

　現在の労働市場はかなり流動化しており、転職自体はまったく珍しくないでしょう。しかし、私が大学を飛び出し民間企業に移った30年ほど前の1990年代初頭はあまり例がありませんでした。結果的には企業でのキャリアとして「研究開発本部長」を務めることができたことは幸いでした。転職の契機というのは人それぞれであり一般化することは大変困難でしょうが、私の経験が少しでも読者諸氏のご参考になれば幸いです。

1.　大学での研究開発

　「研究開発」という言葉はかなり広い意味で使われるため、その人が関わる分野によって意味合いは異なります。単に「研究」といっても幅が広く、基礎研究、基盤研究、目的基礎研究、応用研究、実用研究、開発研究、工業化研究など様々な用語が存在します。大学では主に基礎研究や基盤研究が、さらに、応用研究が行われていると一般には理解されているかと思います。私は、大学で学位を取得した後、助手（現在の助教）として大学の研究室に籍を置きました。学位は「表面科学」、専門は広い意味で「材料科学」で

す。大学の4年生で工学部の研究室に移行して、大学から民間企業に身を置くようになるまで10年間研究室に在籍しました。この間、同一教授の指導下で「研究」を行っていたことは私の研究に対する意識の醸成に大きな影響を与えたと思います。当時先生は「研究は実学」でなくてはならないといつも言っておられていたように思います。これは、基礎研究であろうと応用研究であろうと「実学」であるということです。インターネットで調べると「実学」とは「理論より実用性・技術を重んずる学問。実際生活の役に立つ学問。農学・工学・商学・医学など」とありますが、これは間違っているように思います。一度たりとも理論を軽んぜよと言われたこともありませんし、実際生活の役に立てと言われたこともありません。私の場合は「実学とは自分の周りの世界との関係を意識して研究せよ」ということであったと思います。そのためか、当時として珍しかったのかもしれませんが、研究室には他大学の先生方だけでなく民間企業の方が共同研究を行うため、多数かつ頻繁に出入りしていました。海外から来訪の研究者も多数いました。私自身が海外の研究所に招かれるばかりでなく、地域の製造業団体で技術アドバイスを依頼されたこともありました。

2. 転職の契機

先生が言われていた「実学」というのは、今振り返ってみると「社会課題と自分の研究との関係を意識した研究開発」ということであったのではと思います。当時私が住んでいた札幌では毎年春になるスパイクタイヤによる粉塵が道路脇に堆積しその粉塵（車紛）が、空がかすむほど舞っていました[1]。この車紛の問題は当時の「社会課題」であったことは間違いありません。大学の研究室としてこの社会課題への向き合い方は大変ユニークであったと思います。「これは社会の問題、大学の研究が向き合う課題ではな

い」というのが普通の反応でした。このような環境で研究室にあった最先端の表面分析機器を用いて分析解析を行うことで「社会課題」に取り組むことにしたのです[2]。スパイクタイヤが禁止されたのは市民運動の成果であると思いますが、研究室での取り組みとその公開も契機の一つとなり、札幌にはきれいな春が戻ってきたということができると思います（土埃は今でも春の「風物詩」ではありますが）。スパイクタイヤをなくすと「交通事故が増える」という声もありましたが、高性能なスタッドレスタイヤが開発されました。技術の力です。さらに大事なことは、スピードを落とし安全を確保することを市民が受け入れたということです。昨今必要とされている技術開発と社会の受容とによる社会課題の解決という典型的な例とみることができるでしょう[3]。

　このような活動を通して「企業」で仕事をしてみたいという気持ちが当時強くなってきたことは否めません。企業の方が当時の私にとっては取り組むべき「社会課題」に近いところにありましたし、現在は30年前に比較するとアカデミアのキャリアパスも多様性が確保されていると思いますが、当時の大学のキャリアパスが硬直化しているように見えたということも一因です。

　しかし、民間で働くことも容易ではありません。三井化学に再転職する前に2年間宇宙関係のシステムインテグレータの設計部門に身を置きました。ここでは「システム設計」という「開発」チームの一員でした。微小重力下で使う実験機器の設計チームに所属しました。材料実験だけでなく、物理実験やバイオ系の実験機器の設計にも携わることができ、ここで学んだことは大変多く、後に「材料の研究開発」に携わることになった時に自分の強みの一つになったと実感しています。しかし、システムインテグレータでは、「材料屋」はどうしても「便利屋」でしかないということも痛感しました。

「主役は『システム屋』なのだ。やはり『材料屋』としての自分を活かせる場所はないのか」と思っているときに三井化学に出会ったのです。システムインテグレータは材料産業から見ると川下であり、いわば「顧客」です。顧客がどのように考えて製品開発をするのかを経験したことは川上の材料産業の研究開発においては強みの一つになりました。もちろん、大学で「材料屋」としての学問の基盤、すなわち科学の原理原則を学んだことも強みとなっていたと思います。

おわりに

　キャリアは周りが考えてくれるものではなく、自分で創るものという認識が必要です。自分は「材料屋」であるという確固たるアイデンティティーを大学で研究職であったときからもっていたかどうかは少々疑わしいですが、「世界」に出ることで徐々に獲得していったように思います。私の座右の銘は「人間青山—人間至る処青山有り」です[4]。

参考文献

1）https://www.hkd.mlit.go.jp/sp/kasen_keikaku/e9fjd60000000nnd.html
2）毛利衛、雨宮進、前田滋、福田伸、加藤茂樹、佐竹徹、橋場正男、山科俊郎、北海道大学工学部研究報告114号、47−57頁、1983年
3）https://www.city.sapporo.jp/kankyo/pressrelease/documents/220110talk.pdf
4）福田伸、人材応援（リバネス出版）Vol.03、5-8頁、2017年、ISBN978-4-86662-011-4

私のキャリア　転出編②

企業研究者から大学教授への転身

九州大学大学院 教授

浜本　貴一

はじめに

　筆者は学生時代、帝人東京研究所（日野）にて研究実習生として在籍（20代前半）し、そこでお世話になった本書籍監修の平坂氏から今回執筆の機会をいただきました。ここでは、企業研究者から大学教授へと転身した経緯を書かせていただきます。紙幅の都合上、転職前夜の話からこの稿を始めます。

1.　転職のきっかけ

　2005年4月、それまで17年間研究開発に携わっていたNECを退職し、九州大学に教授として転職（42歳のとき）しました。転職のきっかけとして、以下の（1）～（3）に触れていきます。

（1）Hans Melchior教授 - 生涯のメンター - との出会いと学位取得

　話は1993年（30歳の頃）に遡ります。当時東京で国際シンポジウムが開催され、そこで世界的に著名なHans Melchior教授（ベル研究所を経てETH教授※、2000年ご退職・現在ETH名誉教授）の講演がありました。大勢の参加者が予想されましたので、当日は1時間前に会場に着くと同時に最前席を

確保し、（若気の至りですが…）先生には思い切って質問もしたところ、私を覚えていてくれました。この出会いから研究者留学（34-35歳の頃）につながり、さらにはETHでの学位取得にまで至ります（37歳のとき）。学位がなければ大学教授への転身も不可能だったわけで、結果としてこの出会いは本当に貴重で重要でした。

　ところで今、時代も変わり、とくに博士課程学生に対する奨学金（給付型）もかなり充実してきました。今の時代であれば、博士課程までの進学をお勧めします。研究所配属の私の同期（殆どは修士でした）のうち、学位が取得できた割合は10％前後でしょうか。企業には企業の論理があり、社会人になってからの学位取得機会はかなり限られます（職場の理解が得られにくいケースも多々あります）。一方世界では、学位がないと（アカデミック領域に限らず）通用しにくい時代にすでになっています。

※ETH: スイス連邦工科大学（ドイツ語表記でEidgenössische Technische Hochschule）。
　アインシュタインの母校などとして世界的に有名な大学。

（2）　欧州の大学からのお誘い

　学位取得後、欧州のある大学から教授公募の話があり、渡航費付きで招待されました。企業研究者であっても大学教授として期待していただける、ということですね（40歳前）。これをきっかけに、海外大学からも評価していただけるのであれば、国内大学でもチャンスがあるのかもしれない、ということを考え始め、その後の九州大学教授公募への応募につながります。

（3）　そもそも、なぜ転職を考えたのか？

　当時はETH留学中に得たアイディアを基に、新しい半導体レーザを発明し、一定の成果も得ていましたが、一方で、その先に何をすべきなのか、についても考えていました。従来と違う新しい市場構想から検討を始め、その

可能性について会社にも提案したのですが、当時の会社の状況では難しいということでした。このときが、「自身がさらに成長するには、そろそろ外に出るタイミングがきているのではないか」ということに気づいた瞬間でした。幸い九州大学からお声をかけていただき、気づいたら福岡で研究を始めていました。そのとき構想したビジョンは、大学転職後、研究として着実に進展させることができ、何とか実用化に辿り着けるかな、というところにまで来ている、と思っています。

2. 転職の考え方

　まずは、転職検討時期なのかどうか、ということの見極めですよね。そこで、
1) 自分は何がしたいのか？
2) その為に、新天地を求める必要があるのか？
この2つを自問しては如何でしょうか？ ご自身の成長につながりそうでしょうか？

　次に、仮に転職検討時期がきている場合であっても、自分にその条件が十分に備わっていないという可能性があるかもしれません。そこで、自分の持っているスキル、資格、経験などについて紙に書き出し、何が強みで、何が足りないのか、について整理する機会があるとよいと思います。自分の会社員時代には早期退職者制度が始まり、セカンドキャリアプラン指導の一環で自身の強みなどのリスト化作業をすることに。このときまさに、自身も転職を考えていましたので、リスト化作業はとても役に立ちました。その結果、教育実績がほとんどない、ということに自分自身気がつき、以降セミナーでの技術講演なども意識的にお引き受けするようにしていきました。また当時偶然ですが、会社近くに所在する大学との交流も積極的に進めていて、卒論・修論研究として実習生をお引き受けしていました。

結果としては、この経験も教育実績を補完することになるわけです。学生時代に企業実習生だった経験があるからこそ、思いついた手法でもあります。

おわりに

　このようにして転職に至ったわけですが、そもそも企業で一流の研究者を志したことは、実習生時代の経験が大きく影響しています。関係各位にこの場をお借りして、御礼申し上げる次第です。また優れた仕事を進めるうえでは、ワークライフバランスは大事ですよね。実習生時代、平坂氏からはヨット（ディンギー）に誘っていただき、ワークライフバランスの大切さを学ぶと同時に、マリンスポーツに初めて親しむ貴重な経験をさせていただきました。そして今、福岡の海でウィンドサーフィンを始め、仕事もプライベートも充実した日々を送っています。これも、あの時の経験があってこそ。ありがたく思っています。

私のキャリア　転出編③

研究者・技術者の Plan B としての知財部・特許事務所への転身

SK 弁理士法人　代表社員（元 サントリー株式会社）

奥野　彰彦

1.　21世紀はSTEMの時代

　理工系の大学・大学院生の多くは、もともと小中学生の時代から家族や友達や先生などから〇〇博士と呼ばれて、科学雑誌やSFマンガを読みふけったり、竹や材木や石や釘などを集めてきて広場に秘密基地を作ったり、裏庭で勝手に危ない実験をしたり、昆虫採集や魚とりなどに夢中だったりした、科学少年少女だったのではないかと思います。その子供の頃からの夢を追いかけて、途中で難しい数学・物理・化学・生物の勉強や実験の大変さにくじけずに、一流の理工系の大学・大学院に進学されたのは素晴らしいことだと思います。

　21世紀は、STEM（Science Technology Engineering Mathematics）の時代といわれており、世界的に理工系の高度人材の奪い合いのような状況になっています。たとえば、シリコンバレーでは、エンジニアリングスクールの大学院生の初年度年俸は、ビジネススクールの大学院生の1.5倍程度になっており、人文系の専攻の大学院生の2.0倍程度にまで高騰している状況です。シリコンバレーでは、理工系の修士または博士を取得して、GAFAMに就職すれば、初年度約1,500万円程度の年俸が支給され、数年後にシニアエンジニアになると約3,000万円程度の年俸を得ることができ、さらに10年

くらい経験を積んで管理職にまで出世すれば約5,000万円程度の年俸を得ることができる状況になっています[1]。

　もちろん、STEM専攻の場合には、ビジネス系や人文系の場合には約1年間しか出ないOPTビザ（アメリカの大学院の卒業後のお試しワーキングビザ）が3年間出ますし、そもそも求人倍率が高いので、ほぼ間違いなくシリコンバレーで研究者・エンジニアの仕事を見つけることができます[1]。また、シリコンバレーで働くのに必要な英語力も、ビジネス系や人文系ではTOEIC900点台でなければ厳しいのですが、研究者・エンジニアであれば数式や化学式や3D-CADやプログラミング言語を交えて会話するのでTOEIC800点台でも十分です[1]。そのため、今をときめくシリコンバレーで、GAFAMなどでエリートとしてバリバリ活躍したり、あるいはベンチャーキャピタルから資金調達して起業したい場合には、STEM専攻が圧倒的に有利な状況です。

2.　日本の雇用慣行とお受験システムの崩壊

　日本も、最近にしてようやく、第二次世界大戦直前に導入された、新卒一括採用・年功序列・終身雇用という日本型雇用慣行が崩壊しはじめています[2]。そのかわりにシリコンバレー流のジョブ型雇用が復活しはじめ、さらには転職や起業が当たり前になりつつあります。そのため、日本でも、文系のジェネラリストよりも理工系のスペシャリストを重視する流れになり、即戦力として転職や起業が容易にできるSTEM専攻が有利になってきています。もはや、日本でも、戦後の数十年間ほど続いた、ジェネラリストの管理職が、手に職をもつ優秀な理工系の研究者・エンジニアを支配することができた時代は終わったといっても過言ではないと思います。

今後のSTEM時代には、偏差値は意味を失っていき、小学生時代は、大いに大自然の中で友達と遊んで健康的な心身や豊かな情緒を育てて、中高生時代には、スポーツ、音楽、芸術、文学、歴史、哲学、自然科学などの幅広い教養に触れて、自分の興味の方向性や適性を幅広く探索するのが理想的な教育のあり方になると思います。そして、大学進学にあたっては、偏差値ではなく、自分の興味の方向性や適性にあわせて、どのような専攻を選ぶかを重視して勉強をするという時代になっていくでしょう[4]。

3.　STEM時代のキャリア・デザイン

　理工系のキャリア・デザインの特色として、大学・大学院において、学部→修士→博士にあがる段階で、たとえば、地方大学→東大大学院修士→スタンフォード大学院博士のような形で、大学受験の偏差値に関係なく、どんどんレベルアップできるのが大きな魅力です[3]。そのため、文系の場合と異なり、入学する大学の偏差値をあまり気にする必要はありません。それよりも、大学院に進学して、修士または博士をとっていること、そして、どういう専攻を選ぶかのほうがはるかに重要になります。

　理想は、産業の規模が大きく、かつ産業構造の変化が急速であるため、研究開発の仕事が多い機械・電気・IT系の修士または博士だとは思います（ただし、常に勉強し続けないと技術の陳腐化のリスクが大きい技術分野ではあります）。一方、産業の規模が小さめであるため、機械・電気・IT系に比べると仕事はやや少なめですが、本人の好みや適性に応じて、産業構造の変化が少なく技術の陳腐化のリスクが少ないため安定して働けるという意味で、化学・バイオ・材料系の修士または博士も捨てがたくはあります。

　また、理工系のキャリア・デザインの特色として、学部→修士→博士にあがる段階で、たとえば、有機化学→化学工学のシミュレーション→AI（機

械学習）のように専攻をどんどんずらしていくことが可能になります[3]。こうやって、少しずつ専攻をずらしていくと、企業に入社して研究開発を行う立場になった場合に、非常に広い技術分野に対応できて有利になります。また、この技術分野に向いていないなと気づいた場合には、学部→修士→博士にあがる段階で、専攻をずらせば、いつまでも向いていない専攻を学ぶ必要はないので、その点は、理工系のよいところですね。

いずれの技術分野でも、アメリカや欧州の場合、理工系の博士課程は、通常は学費無料＋生活費支給になります（日本もそうなりつつあります）[3]。理工系の修士課程だと、学費無料＋生活費支給は、優秀な学生のみ適用されるケースが多いですが、それでも、国公立（アメリカだと州立）であれば学費は安いですから、よほど金銭的に厳しくない限りは、安心して大学院に進まれればよいと思います。

そして、理工系のキャリア・デザインの特色として、理工系で修士または博士まで進学してから、ビジネススクールまたはロースクールに進学して、科学技術がわかって、プログラミングもできる、ビジネスマンまたは法律家になってしまうことも可能です[3]。大学院で研究している途中で、自分は研究には向いていないと感じた場合は、こうやって理工系と文系を結びつける仕事に就くことも可能です。

なお、理工系の修士または博士の専門知識・経験をうまくマネタイズするためには、英語・中国語などの語学力、プログラミングなどのITスキル、そして研究成果をビジネスにつなげるためのビジネス知識も合わせてマスターしておくことが重要です[5]。そのため、どんな技術分野の専攻であっても、英語・中国語などの語学力、プログラミングなどのITスキルは、きちんと独学して、その成果を英検、TOEIC、中検、HSK、情報処理技術者試験などの資格で証明をしておいてください。また、最近は、コロナショック

の影響で、オンラインで通えるようになった日本やアメリカのビジネススクールも多いので、理工系の修士または博士であっても、平日の夜間や土日にオンラインでMBAの学位をとっておくことをおすすめします。ここまでやっておけば、どんな技術分野でも、一生職に困ることはないと思います。

　たとえば、最近、小生の方で、有機化学→化学工学のシミュレーション→AI（機械学習）のような形で専攻をどんどんずらしていって、大手製薬会社で働いて独立した一流大学博士出身のコンサルの方と一緒に仕事をしていますが…現在、年収数千万円くらい稼いでおられて、大成功しておられます。また、畜産学→バイオインフォマティクス→AI（機械学習）のような形で専攻をどんどんずらしていって、大手IT企業で働いて独立した地方大学博士出身の起業家の方とも一緒に仕事をしていますが、スタートアップを起業されてもうすぐ上場寸前のところまできていて、上場すれば、個人資産100億円は固いような状況です。このように、理工系の世界では、大学受験の偏差値に関係なく、どのような専攻を、どのような組み合わせで学んで、産業界から求められる希少価値のあるスキルセットを構築するか、というのがキャリア・デザインの勝負の分かれ目になるなと実感しています。

4.　研究者・エンジニアのキャリアにも波谷はある

　このように、21世紀に入って、理工系の研究者・エンジニアにとってはキャリア・デザインがしやすい状況になってきています。とはいえ、人生、そんなにいいことばかりが続くわけでもなく、憧れの企業の研究開発職についても、必ずしも順風満帆なキャリアが待っているとは限りません。どうしても、経営陣の都合で自分の所属している研究開発部門でリストラが行われることになってしまったり、上司の命令で興味のない研究テーマを押し付けられたり、無茶なノルマを押し付けられて激務で体調を崩してしまったり、

あるいは結婚・出産・子育て・介護などの家庭の事情で研究開発の第一線を退かなければならない場合もあります。そのような場合、子供時代から大好きで、長年かけて苦労して身につけてきた科学技術の知識や経験を諦めて、いまさら科学技術とは関係のない職種に転職をするのは心理的にも抵抗がありますし、キャリア・デザインとしても不利になるのは否めません。

　そのような場合の理工系の研究者・技術者の次善のキャリアパス（いわゆるPlan B）の一つとして、科学技術の知識や経験をフルに活かせる職種である知財部・特許事務所への転身というオススメの謎のルートがあります[6]。この謎のルートを解き明かすために、ここでは、世間的には知名度が低くてよくわからない職種とされている知財部・特許事務所での働き方がどのような感じなのか解説をしていきたいと思います。みなさんが、万が一、企業の研究開発職としてキャリアに行き詰まったときに、その窮地を打開するためのPlan Bとして、知財部・特許事務所への転身という選択肢を用意しておくだけで、安心して研究者・技術者としての道を歩いていただけるのではないかなと思います。

5.　PlanBとしての知財部・特許事務所への転身

　なんとなく、法律系の仕事かなと思われている知財部・特許事務所ですが、そこで働く人は、多くの場合（約80％程度）は、理工系の出身です。そして、その理工系の出身者の中でも、修士または博士が60％程度を占めています。理工系の修士や博士の経歴や、研究者・エンジニアを目指した方が、過去の挑戦の経験を活かせる職業を求めて、知財部・特許事務所に転属・転職される方が多いのも特徴です[6]。

　知財部・特許事務所に転属・転職した当初は、やりがいを求めてというよりは、過去の経歴を活かせる職業として選択している方が多いと思います。

そして、知財部・特許事務所で仕事をしているうちに、その理工系と法律系との融合分野の特殊な仕事がだんだんと面白くなってきて、やりがいを感じるのが一般的なパターンだと思います。そのため、知財部・特許事務所で働く人で、自分を法律家だと心理的に思っている人は少ないですね（もちろん、社会的には法律家なのですが…）。自分は、研究者またはエンジニアだという気分で働いている人が大半だと思います。明らかに、法律の話をしているときよりも、科学技術の話をしているときに、みんな目が輝いています。法律業界の中でも、こんな不思議な世界は、知財部・特許事務所だけだと思います⁶⁾。

なお、知財部・特許事務所に関係する国家資格として、弁理士という、これまた聞いたことがない謎の資格があります。この弁理士資格をとっておくと、特許法をはじめとした知的財産権法の専門家として、知財部・特許事務所において、ある程度尊重されることになりますので、もしも法律の条文を読んでもアレルギー反応を起こさないのであれば、弁理士資格を取得しておくことをオススメします。とはいえ、知財部・特許事務所というのは不思議なところで、法律業界の中では、あまり国家資格の有無が重視されない業界です。実際のところ、知財部・特許事務所の中でも、理工系の博士号と弁理士資格とは、同じくらいの重みをもって評価されていますし、国家資格の有無でほとんど年収などにも差がつかない不思議な業界です（弁護士さんや、会計士さんや、税理士さんなど、他の士業の人たちには驚かれるのですが…）⁶⁾。

この知財部・特許事務所は、優秀な理工系人材にとって、研究者・エンジニアを途中で諦めた場合のセカンドキャリアとしては、最高な職種の一つだと思います。知財部・特許事務所は、常に人手不足の状況なので、恒常的に多数の求人があり、理工系の修士や博士であれば、転職先にはほとんど困らない状況です、また、収入の面でも、研究者・エンジニアと同じくらいの

年収は稼げますし、仕事の時間や場所の自由度は圧倒的に知財部・特許事務所の方が高いです。

　なお、知財部と特許事務所を比較すると、仕事の面白さでは、知財部に軍配が上がると思います。企業の知財部では、経営に関わるレベルで、知財戦略の立案、発明の発掘、国内・海外の特許ポートフォリオの管理、ライセンス交渉、無効審判、特許侵害訴訟などに関わることができます。また、企業の知財部では、海外のロースクールや、海外の特許法律事務所などに留学させてもらえるケースも多いのが魅力です。

　一方、仕事の時間や場所の自由度では、特許事務所に軍配があがると思います。特許事務所では、自宅でのリモートワーク、カフェや旅行先でのリモートワーク、地方や海外でのリモートワークができ、音楽を聞きながら、コーヒーを飲みつつ、友人とときどきチャットなどしながら好きなペースで仕事ができ、クライアントとの飲み会も、麻雀・ゴルフ・カラオケの接待などに無理に付き合う必要もなく、社内会議などに拘束されることもありません。好きな時間に仕事を始めて、好きな時間に仕事を終えて、平日の昼間でも、好きに私用で遊びにいったりできます。ここまで自由度の高い仕事も珍しい（他には、フリーランスのプログラマーや、ウェブデザイナーくらいしかない）ので、そういう意味では特許事務所は楽しいですね。

6.　PlanBを確保した上で、安心してチャレンジを！

　とはいえ、知財部・特許事務所は、若いうちは、いざというときのPlan Bという位置づけにしておくのがよいとは思います。やはり、知財部・特許事務所で研究者・エンジニアの黒子をやるよりも、企業の研究所や工場や事業部で、自分が主人公になって、最先端の理工系の研究開発を自分でやるほうが、圧倒的に面白いですからね。なので、まずは、企業の研究所や工場や

事業部で、バリバリと研究開発をして、あわよくば出世コースに乗って経営レベルの仕事ができるようになることを目指していくのが王道だと思います。

　その王道から脱線しそうになった場合には、ジェネラリストの場合と異なり、理工系のスペシャリストとしての専門知識・経験を活かして、日本国内の同業他社に転職したり、あるいは外資系企業やシリコンバレーのGAFAMなどに転職をしたりすれば、むしろ転職前よりも年収や地位などの待遇は向上する可能性が高いので、安心してもらってよいと思います。また、大きなリスクを取って社外で挑戦するのであれば、それまでの研究開発の知識や経験を活かして、思い切ってハイテク系のスタートアップの起業をして、そのスタートアップを成長させて富豪になることをめざせばよいと思います。一方、あまり大きなリスクを取りたくない安全志向の場合には、知財部・特許事務所に転属・転勤して、自由な環境でのほほんとのんびり楽しくやっていくのも一つのキャリア・デザインとしてありかなと思います。

参考文献

1）酒井 潤、シリコンバレー発スキルの掛け算で年収が増える複業の思考法、PHP研究所、2020/8/22
2）小熊 英二、日本社会のしくみ 雇用・教育・福祉の歴史社会学、講談社現代新書、2019/7/17
3）増田 直紀、海外で研究者になる-就活と仕事事情、中公新書、2019/6/18
4）デイビッド・エプスタイン、RANGE(レンジ)知識の「幅」が最強の武器になる、日経BP、2020/3/26
5）リンダ・グラットン、ワーク・シフト ― 孤独と貧困から自由になる働き方の未来図〈2025〉、プレジデント社、2012/7/28
6）高津 邦彦（原作）、ヒロカネプロダクション (イラスト)、日本弁理士会（監修）、漫画「閃きの番人」、日本弁理士会、2021/3/2

おわりに

株式会社AndTech 顧問　平坂　雅男

研究開発という仕事は、考える楽しみや新たな知に接する喜びを満たしてくれます。そして、企業の研究開発では、開発した技術が事業や製品に活用されることで社会に貢献する実感を味わうことができます。このような研究開発職の魅力は、研究開発者のみならず研究開発や事業のスタッフにも同様にあります。企業の研究開発職に就いても、いつかは違う部署に人事異動する転機が必ず訪れますが、異動した新たな部署でも考える楽しみや知を獲得する喜びはあると思います。編者の場合も、研究所から本社の研究企画部、そして、知的財産部に異動しました。人事異動は仕事の上で転機となりますが、好機でもあり多くのことを経験し、そして、学ぶことができました。みなさんにも、就職後に人事異動の転機が訪れても好機としてとらえ、すばらしいキャリアパスを歩むことを考えてもらいたいと思います。

本書は、企業の研究開発職をめざす学生の方々に向けて、企業の研究開発についてより深く知ってもらうために企画しました。このような書籍は単著で出版することが一般的ですが、本書では様々な研究開発の経験をもつ方々に執筆いただくことで多様な考え方を伝えたいと考え、多数の執筆者にお願いしました。そして、本書の主旨に賛同し、企業や大学での経験や考え方を伝えようと執筆に快諾いただいた執筆者の方々には編者として御礼申し上げます。

社会状況の変化や技術革新により、企業の研究開発戦略は大きく変化し、また、学生の方々の考え方も時代とともに変化します。そのような状況を考慮し、今後も時代のニーズに即した「企業開発研究者・技術者としてのキャリア・デザイン」を企画したいと考えています。

　本書の出版企画に尽力された株式会社AndTechの陶山正夫社長をはじめ、本書の構成にアドバイスをいただいた古藤健二郎顧問と今井昭夫顧問に感謝いたします。そして、本書の編集・校正を担当された金本恵子さん、編集作業担当の渡邊寿美さんとイラストを担当されたはるなさんにも感謝の意を表したいと思います。

　最後に、学生のみなさまが、本書を読み、自分に合ったキャリア・デザインを見出すことができることを期待しています。

≪お問い合わせについて≫

本書籍へのご意見・ご感想をお寄せください。
また、本書籍の執筆者によるご講演依頼や
ご相談なども承っております。
お問い合わせは右記QRコード、
あるいは<info@andtech.co.jp>まで。

企業開発研究者・技術者としての
キャリア・デザイン
～これから就職を考える理工系学生のための入門～

発行　令和4年　9月30日発行　第1版　第1刷

定価	3,300円（本体3,000円＋税10%）
発行人・企画	陶山正夫
編集・制作	金本恵子、渡邊寿美
イラスト	はるな
発行所	株式会社AndTech
	〒214-0014
	神奈川県川崎市多摩区登戸1936-104
	ＴＥＬ：044-455-5720
	ＦＡＸ：044-455-5721
	Email：info@andtech.co.jp
	ＵＲＬ：https://andtech.co.jp/

印刷・製本	倉敷印刷株式会社